高橋 聡

起業するより 会社は買いなさい

サラリーマン・中小企業のためのミニM&Aのススメ

講談社+α《プラスアルファ》新書

はじめに　サラリーマンが「会社を買う」時代

“サラリーマン卒業”

現在の仕事にやりがいを感じている人も、「なかなか自分の思い通りにならない」と思っている人も、どんな人でも一度は、新たな業種への挑戦や、違う企業への転職を考えたことがあるはずです。

大手システム企業で統括部長を務める朝賀正さん（仮名）は、新卒で現在の会社に勤めて以来28年、順調に出世を重ね、現在は数百人の部下を持つ立場ですが、50代を目前にし、「サラリーマン卒業」を考えるようになったといいます。

その具体的な方法が、「会社を買う」ことでした。

２０１８年末から本格的にリサーチを開始し、'19年2月に東京・千代田区のコピーセンターを１０００万円弱で購入しました。

半分を自己資金で、残りを金融機関からの融資で賄っています。もっと高額の案件も検討しましたが、やはり身の丈に合った会社を、と考えたそうです。

朝賀さんが買収した「有限会社三陽コピーセンター」の周囲には、日本歯科大学、東京理科大学、私立暁星中学校・高等学校、私立白百合学園中学高等学校などがあり、東京でも有数の文教エリアです。

歯科医の卵が行きかい、Ｊリーガーや日本代表選手も輩出した名門校サッカー部の選手がランニングに汗を流し、お嬢様学校の生徒たちが恋バナに花を咲かすような環境で、創業から30年以上が経ちますが、学生相手のコピーセンターには安定した需要がある地域といえます。

前経営者の女性が高齢となったこともあり、会社を売却することを決断したところ、後継候補として何人かの個人・企業が手を挙げ、朝賀さんが買い手となりました。

「いまはサラリーマンとして、恵まれた立場にいると思いますが、この後60歳近くになると、徐々に役職は下がり、それに従って収入も減るのは目に見えています。60歳を過ぎていまの会社に残って働きつづけることも可能ですが、その場合課長待遇、係長待遇と徐々に下がっていって、最後は一般職です。そうなってまでこの会社で働くというイメージが持てませんでした。

会社にはすでに退職の意思を伝えていますが、まだ慰留されていて、退職にはもう少し時間がかかりそうです。それでも、今後の自分の人生を考えて、〝サラリーマン卒業〟したあとの足場を確保しておきたかったんです」

朝賀さんは前社長との譲渡契約を2月に終え、令和元年5月1日付で会社を引き継ぎました。

「前社長には、会社の引き継ぎのあともそのまま残って従業員として働いていただくようにお願いしました。馴染みの学生さんが多いですし、私が買収したあとも、基本的にはいままでのやり方のまま、会社を継続することにしています。

ただ、これまではほとんどが学生さんなど個人の顧客でしたので、それに私のサラリーマン時代の取引先などを新たに開拓して、法人相手の仕事も始めていきたいと思っています。それによって売り上げを2倍、3倍にしていけると思っています」

夏休みを目前に控えた三陽コピーセンターには、多くの学生さんがひっきりなしに訪れていました。

副業として学習塾を経営

ロボット学習塾を、２５０万円で買った例も紹介しましょう。

場所は神奈川県内で、個人が副業で経営されているロボット学習塾でした。前のオーナーはＩＴ会社に勤めるかたわら、週に一度30名ほどの生徒に勉強を教えていましたが、本業が忙しくなり、この塾を手放さなければならなくなりました。

生徒を30人も集めるという苦労をされたうえ、やめてしまうと生徒にも大きな迷惑がかかるということで、事業を売りに出す決断をされたのです。

この事業の買い手となったのも、上場企業に勤める42歳のサラリーマンの方で、副業として事業を引き継ぐということでした。先ほどの朝賀さんと同様に、周りの上司が役職定年を迎えて昔の部下の下でやりづらそうに仕事をしているのを目の当たりにして、「自分は早くから独立できる力をつけておこう」と考えたことがきっかけだったようです。

この２５０万円には、教材・備品等が含まれ、安定した売り上げなど事業の収益性がある程度イメージできる状態から事業を引き継ぐことができたのです。

この方は仕事で頻繁に海外出張をしていたのですが、忙しさのあまり体調を崩し、出張の少ない部署に異動になったことをきっかけに副業を考えるようになったといいます。教育事業に携わりたいという長年の想いがあり、ゆくゆくは独立することも視野に入れてこの学習塾を購入したのです。

M&Aの成約前には奥さんと二人で現場を確かめに行っています。

副業ではなかなか細かい対応をとりづらくすべて自分一人でやるというわけにもいかないため、奥さんが事業を手伝ってくれるかどうかが重要だったといいます。現場を見た結果、奥さんも、「これなら私も手伝える」と賛成してくれたということで、買収するという決断になったそうです。

この事例では、売り手と買い手が交渉を始めてから、1ヵ月で成約に至りました。買収後は新たな生徒の獲得に努め、生徒は50名にまで増加、この方の仕事が技術系だったためロボットに関する技術を詳しく教えてもらえることが評判となり、口コミで生徒が増えるようになっていったということです。

起業よりミニM&Aがいい理由

この本では、個人や中小企業による小規模M&A（企業の買収・合併）と、事業承継をテーマにしています。

一般的にM&Aというと、売り上げ数百億円から数千億円規模の大企業が行うもので、大変な時間とおカネがかかるというイメージがあると思いますが、後述するように規模が小さい会社や個人事業のM&Aの場合は、そうではありません。

小規模M&Aは、売買の過程にさほど時間を要さず、仲介料も安くM&Aを進める仕組みができており、昨今さらに活発になっています。

会社を買うとは、その会社のオーナーになることです。投資することが目的で会社を買い、経営は他人に任せたいという人もいますが、本書では会社を買ったあと、自ら経営者になる人か、経営に深く携わる人を想定しています。

自分が経営者になって、会社を経営するのが大変なことは、いうまでもありません。事業の最終的な責任は、経営者が負わなければなりませんから、大きなプレッシャーがかかるのは当然です。夜眠れないこともあれば、社内の誰よりも早く出社し夜遅く帰るなどの努力をし、心血を注ぐことが必要です。

でも私は、経営者は、非常に楽しく夢のある職業だと考えています。

M&Aなどの手段で新しい事業を手がけ、その未来を想像することを、私は「妄想」と言っています。経営者の最大の特権とは、事業の未来について自由に妄想を膨らませることだと思います。会社の将来を考え、新しい製品やサービスやお客様の笑顔をイメージする。事業の未来を妄想することは、とても楽しいことなのです。

実際に会社を買って経営者になると、妄想を現実にするため、自ら様々な行動と努力をします。そしてそれが実現すれば、また新たな妄想を重ねる――この繰り返しこそが、経営なのではないでしょうか。自らあらゆるリスクを負う一方で、大きな夢を追うことができる立場が経営者なのです。

大手企業を定年になり、あるいは脱サラして、以前からの夢だった喫茶店や飲食店経営などにゼロから乗りだしたという話をときどき耳にします。

しかし、飲食店経営には、お客様の好む食事や価格設定を行うメニュー開発や、食材の原価率の設定など、店舗経営のノウハウが必要で、未経験者がゼロから始めて成功するのはそうたやすいことではありません。サラリーマンを退職した後にパン屋や、蕎麦屋を開業したいと夢を語る方も多いですが、収益の安定した店をゼロから作るのは相当な労力と知識が必要なのです。

最近は中高年に割増退職金を出して早期退職を促す会社もあり、それによって多額の退職金を手にした人が、起業することもあるようです。多額の初期投資によって細部まで自分好みの店に仕立てることは満足感が高いのですが、しかし、それだけリスクが高くつくということでもあります。

いくら立派な店でも、それがおカネを生み出さなければむしろ負担にしかなりません。最悪の場合、サラリーマン時代に蓄えた資産を失ったり、さらに借金を背負わなければならなくなったりすることもありえます。脱サラしたサラリーマンが多額の資金をつぎこんで、飲食店や事業を立ち上げたものの、資金繰りや帳簿の管理、人事などサラリーマン時代に経験したことのない間接的業務の整備などに時間をとられ、いつまで経っても経営が安定しないというのもよく聞く話です。

サラリーマン時代は、営業や、購買など事業の一部を担当すればよかったわけですが、経営者はそうはいきません。すべての業務に関して責任を負うのです。サラリーマンを辞めて、経営者になる方がもっとも不慣れで、最初に戸惑うのは経営全般を見る範囲の広さの問題かもしれません。

それに比べて貯金の一部、たとえば数百万円で、業績の安定した既存の会社を買うのは、顧客や業務の仕組みなどを引き継いでスタートできるため、ある程度収益の予測も立ちます。間接業務も回っていますから、ゼロから起業するよりは安全で、確実な選択であると言えるのです。

もちろん、毎年大きな利益をあげている会社を買収するためにはそれなりの資金が必要になりますが、それでも「毎年これだけ稼げる」という目算が立っていれば、同額を投じてゼロから起業するより、安定したスタートを切ることができます。

まったくの新しい会社を最初から立ち上げるのに比べ、M＆Aで会社を買収してスタートを切ることが、いかに優位かということがお分かりいただけるかと思います。

会社を引き継ぐために必要なこと

自分の会社や事業を単なる「カネ儲けの道具」と考えている経営者は、そう多くありません。ある程度事業が安定するとカネ儲け以上に、事業や従業員を育てていくという喜びが増します。

おカネが必ずしももっとも重要な要素ではないことは、M&Aの交渉についても言えます。

中小企業のM&Aでは、売り手と買い手が交渉中に面談した際にお互いにどれだけ「意気投合」できるかが非常に重要です。意気投合した買い手である場合、事業の買収価格が他の買い手候補より低くても「あなたに継いでもらいたい」となるケースが多いのです。

買った後の会社をどのように経営し、どのように事業を展開するかを面談の際に熱意を持って語れる買い手に売り手は魅力を感じるものです。

売り手は、長年経営してきた自分の会社に対し、強い愛着を持っています。買い手は、その気持ちと実績に対して、十分な敬意を払わなければなりません。売り手には、ゼロから会社を立ち上げて、事業の売却を決めるまでの期間、積み上げてきた実績と資産があります。買い手は、売り手である先代経営者の築いたその会社と思いを引き継いだうえで、安心して会社を任せられる相手であるかが問われるのです。

中高年社員を再び輝かせるために

個人や中小企業による小規模M＆Aに対する関心は、この1～2年、明らかに高まっています。それは2018年に出版され、ベストセラーになった三戸政和さんの『サラリーマンは300万円で小さな会社を買いなさい』（講談社刊）をはじめとしたメディアの影響が大きいと思います。

同年のNHKの「所さん大変ですよ」ではサラリーマンが会社を買って社長になるケースを「パラシュート社長」として紹介、また同年10月、NHKニュース「おはよう日本」の「おはBiz」というコーナーでは、「事業承継　新潮流は個人！」という形で、個人によるM＆Aが次々に特集されました。

その後も、朝日新聞など、最近は個人が会社を買うことが様々なメディアで取り上げられるようになりました。

そこで取り上げられる文脈は、一つではありません。

若い人が会社を買って、転職を図る、副業にする、またはシニア層が会社を買って第二の人生を歩むなど様々です。

日本も終身雇用制が崩れ、多様な働き方が求められるようになりました。個人が会社を買う流れは、そうした時代の要求に応え、促進するものだと思います。

第1章でまとめていますが、日本では中小企業の多くが、経営者の高齢化と後継者難に直面しています。大企業が好業績を記録する反面、中小企業の地盤沈下が止まらないのは、後継ぎである次の代の経営者の人材難にも大きな要因があります。高度成長期に創業した多くの会社の経営者が70代、80代に差しかかっているのに、次世代へのバトンタッチが進まないのです。

一方で、メガバンクやメーカー、マスコミなど、日本を代表する大企業では、一流大学を卒業した能力の高い中高年社員が、役職定年とともにたいした仕事も与えられず能力を持て余している職場があります。もちろん彼らは高給を得ているわけですからそれはそれでいいのかもしれませんが、仕事の充実感不足、さらに優秀な人材が活用されずに経済が活性化されない、という側面では、やはり大きな問題があります。

その一方で中小企業では、前述のように老年にさしかかった経営者たちがやむにやまれず働きつづけている現状があります。これでは、社会全体の生産性が上がるはずがありません。社長が高齢になると、事業成長のために必要な投資を控える傾向があるため、どうしても会社の活力が落ち、売り上げなど業績が低下してしまうため、中小企業の地盤沈下への対応は待ったなしのところまで来ています。

いま、インターネットを活用したM&Aの仕組みが登場したことにより、個人事業や中小企業のM&Aが活性化し、経済の流動性が高まる状態が生まれてきています。勇気を持った個人や中小企業が、新たな事業の創造に挑戦できる環境ができてきているのです。

そこで大切なのは、あなたのアイデアと勇気です。今回、M&Aで必要となる「会社を買う」力とは何なのか、それを知っていただくために、本書ではできるだけ多くのM&Aの成功・失敗事例を紹介しています。

欧米の中高年世代の人たちは自分の始めた事業を他人に譲渡し、リタイアして、軽装で世界中を旅行しています。浅草や京都など日本の主要な観光地で、そうした外国人の中高年カップルの姿をよく目にするようになりました。

海外では会社を売ることは「成功者の証」なのです。おカネを払ってでもあなたの会社を引き継ぎたいと認められた証が、M&Aなのです。日本ではまだM&Aが一般的でないばかりか、どちらかというとネガティブなイメージで見られていますが、前述の日本経済の活性化、人材の有効活用という観点からM&Aという手法が見直されてきています。今後日本でも必ず有効な手段となることと思います。

M&Aを中小企業が使いこなすことにより経営が変わる。中小企業の経営が変わることで、日本の経済は活性化する。私はそう、信じています。

◉目次

第2章 「会社を買う」新しい仕組み

第3章 会社を買った実例集

事例1 地銀の援助で 優良町工場を引き継いだ若手サラリーマン

第5章　なぜ「会社を買える」仕組みを作ったのか

第6章　妄想こそが経営の第一歩

終章　誰でも会社を買える時代に

編集協力：前田正志

第1章　中小企業は後継者を待っている

黒字なのに廃業する会社

日本にはいま、358万社もの中小企業があります（2016年、中小企業庁調べ）。東京商工リサーチの調査によると、調査対象となった中小企業の多くが後継者難に直面し、廃業の危機を感じているのですが、驚いたことにその半数が黒字経営であることが判明したのです。

本業が黒字にもかかわらず、後継者不在のため廃業せざるをえないというのです。これは日本の経済にとって、大変な問題だということで、政府が本格的に事業承継に取り組むことになりました。

私は長野市でアスク工業株式会社という製造業の会社を父から引き継ぎました。同社は1971年に長野市で父が創業し、まもなく50年の節目となります。

アスク工業は半導体部品や、スキー・スノーボード用の接着ゴムシート材「アスナーシート」の製造・販売、美容健康食品の製造・販売などを行っている会社で、従業員数60名の中小企業です。父の代から事業の多角化を進め、現在は11の小規模かつニッチな事業を運営しています。アスナーシートは世界のスキー・スノーボードの約半数に利用されているニッチで高シェアな製品です。1998年に長野で開催された冬季オリンピックにあわせ、かつては競技用のリュージュを製作していたこともありました。

私が2代目社長として、父から会社を引き継いだのは2010年で、父のあとを継いで私もどんどん新しい事業を創っていこうと思っていたのですが……。

アスク工業の優れた取引先がどんどん廃業していってしまうのです。平均すると毎年3～5社、なくなっているというのが実感で、その中には規模は小さいけれど社歴が長くて、黒字の会社、世界で一社しかない技術を持っているような会社もあるのですが、残念ながらそういう企業も廃業を余儀なくされています。

廃業の理由はだいたい共通していて、経営者が高齢化しても、息子さんが事業を引き継がないのです。

私はたまたま父から会社を引き継ぎましたが、長年一緒にモノづくりをしてきた優れた取引先が後継者難で廃業するのは見るに忍びないものがあります。

創業以来一国一城の主《あるじ》として、身体を張って頑張ってきたオーナー経営者はなぜ、自分の事業をたたむことを選んでしまうのか――。

実はそうした中小企業の経営者は、自分の会社に将来性を感じられなくなっている人が多いのが実態です。多くの中小企業は金融機関から多額の借り入れをして、長い間一生懸命やってきたけれど、市場が縮小してどんどん業績が下がってきています。

自分も高齢になり、従業員も年齢が上がって、過去に蓄えたものを切り崩しながら、何とか借金の返済を続けているのです。地方の中小企業にはバブル期に多額の借り入れをして、投資した設備があり、その返済にいまでも苦労している企業が多いのです。

あまりに苦しい期間が長く続くため、まるで借金返済のために事業を行っているかのような錯覚に陥り、自社の事業に価値が見いだせなくなっている経営者が多いのです。実際は、長年培った技術、社員、顧客など多くの価値ある資産を持っているにもかかわらず、それらに経営者自らが価値を感じられず、結果廃業という決断をしてしまうのです。

もっと悪いケースでは本当は廃業してしまいたいけれど、借金が返済できず、個人保証もついているため、やめるにやめられないという場合もあります。個人では返済できないので、高齢になっても経営を続けるしかない。それに対し、黒字で借金をすべて返済できる場合は、人に迷惑をかけずに会社を廃業することが可能ですから、まだ黒字のうちに会社をたたもうという決断をしてしまうのです。

驚いたのは、跡取り候補となるお子さんがいらっしゃっても、「こんな事業やっても苦労するだけだから、子どもには会社を継がせないつもりだ」という方が多いのです。個人保証がついている借金を背負わせて、苦しい経営者の道を歩ませるのは忍びない、というのが子を思う親の気持ちなのでしょう。

中小企業は、バブル崩壊からずっと漂う閉塞感に悩まされつづけ、自らの代で廃業することを選んでしまう、それが中小企業の現実なのです。

常連だらけの喫茶店

中小企業の経営には、社長の個人保証の問題が大きく影響します。会社の成長を考え、設備を整えるために金融機関からおカネを借りる際に、社長が個人でその保証することを求められるのです。

会社を廃業するときは、借入金を一括返済しなければなりません。一方、返済ができず倒産することになった場合、その借入金に個人保証がついていれば社長個人が会社に代わって残債を返済しなければなりません。社長にそれだけの持ち合わせがないと、やめたくてもやめられないのです。特に社長が高齢になると社長個人からも回収のリスクが高まるため、金融機関も新たな融資を渋る傾向があります。社長自身も疲れて新しい事業や設備投資への意欲がなくなります。

そうなると社員のモチベーションも、大きく下がってきます。成長していると、将来に期待が持てますが、投資を怠り業績が落ちると会社に活気がなくなり、若い人や新卒の採用ができなくなり、いっそう会社から活力が失われるという負のスパイラルに陥ってしまうのです。

たとえて言うと、アーケード街にある、古い純喫茶のようなものです。メニューは昔からずっと変わらないし、お客さんもずっと同じ。常連さんは少しずつ年を取っていくのに、新しい客は来ない。内装は古いし、ソファーも新調できない。まったく投資できないから、当然ながら、時代に合わなくなっていきます。

毎日決まったお客さんは来てくれるから、すぐに行き詰まる心配はないけれど、高齢化や少子化で将来はジリ貧ということは目に見えているし、あとを継ごうという人も見当たらない。息子や娘も尻込みしている。

かといって、以前内装や什器《じゅうき》を購入するために借金した残りがあるから、店をたたむにたためない――。多くの中小企業が、こんなスパイラルに陥っています。

会社を常に磨きつづけ、経営者の体力に不安が出てきて事業に投資ができない事態になったら次世代に引き継げばよいのですが、あと10年、あと5年と投資をせずにただ惰性のように経営を続け、結局次世代に引き継ぐ機会を逸して廃業してしまうケースが非常に多いのです。

しかし、長年続けた会社には資産があり、よい人に引き継ぐことができればその人の力で事業がさらに成長することもありえます。

会社を譲渡するには、会社を磨き、次の経営者が経営しやすい状態を事前に整える準備が必要です。中小企業の場合、準備には5年、10年と長い期間がかかるものなのです。M＆Aが一般的になったいま、会社を常に磨いて、いつでも他人に譲渡できるようにぴかぴかにしておくといった考え方が必要ではないでしょうか。

なぜいままで小規模M＆Aがなかったか

規模の小さな会社がなかなかM＆Aの対象にならなかった理由は、はっきりしています。

M＆Aにかかる取引のコストが高すぎるからです。

いままでは、M&Aの仲介会社にかなりの額の仲介料を払わないと「会社を売る」ことも「会社を買う」こともできませんでした。仲介業者は、M&Aを行うときに相談する専門家で、都内ではM&A仲介専門会社が複数ありますが、地方では一部の公認会計士事務所、税理士事務所、金融機関などがその役を担っています。

仲介会社は会社の買い手候補をリストにしていて、M&Aの相談を受けると、その中から買ってくれそうな相手に一件一件打診し、最終的には3～5社程度に買い手候補を絞って交渉します。

誰もが買いたくなるような会社であれば買い手探しにさほど時間はかかりませんが、赤字や債務超過などの業績の厳しい会社や、市場の小さなニッチな会社の買い手探しは簡単ではありません。一般的に3ヵ月から6ヵ月ほど買い手探しに時間をかけると言われていますが、難しい場合はより多くの買い手候補にあたる必要があり、場合によっては数年にわたって買い手を探しつづけることもあるようです。このように専門家の仕事はかなり長期に及ぶことがあり、しかも彼らの手数料は「成果報酬」とされているため、M&Aが成約するまで報酬を受け取ることができません。

専門家もボランティアではありませんから、どうしても成約時に多額の手数料が見込め、かつ確実に成約が見込める条件の良い大きな案件の扱いに限られてしまうのが現実です。最近、小規模M&Aを行う環境が整いつつあるため、専門家の手数料は徐々に下がってきてはいますが、それでも大手のM&A仲介会社の手数料は最低2000万円程度で、売り手と買い手の双方がそれぞれこの金額を支払います。それだけの手数料を払わなければ、M&Aはできないのです。

この額は中小企業M&Aの手数料のケースで、日経新聞などで報じられる大手企業ではさらに一桁、二桁上の手数料になりますから、いかにM&Aにおカネがかかるかわかります。会社の売買金額が数百万円から数千万円という中小企業や個人事業では、専門家のコストのほうが高くなってしまうため、取り扱う専門家がいないというのが現実でした。

この買い手探しのプロセスをいま、ネット経由に置き換える動きが広がっています。

まず売り手側が会社情報をインターネットに掲載します。会社情報と言っても、業種、大まかな所在地、会社規模、ビジネスの概要説明など会社が特定できない大まかなものだけです。会社を売っているという情報が世の中に流れてしまっては大変なことになりますから、あくまでも特定されない情報に限っています。

これらの情報は「ノンネーム」と呼ばれ、M&A専門家が買い手候補に提供している情報とほぼ同じものです。

専門家が一件一件買い手を探したうえで提供していた情報を、ネットを利用して広く提供できるようになったため、一気に多くの買い手が集まる仕組みができあがったのです。買い手候補を募集するのにかかっていた期間も、3〜6ヵ月かかっていたのが10日程度に短縮されました。

ネットを活用したM&Aのもうひとつの利点は、仲介会社のリストには出てこない、まったく別の業種や別の地域の個人や会社が「買い手」として手を挙げられるようになったことです。これにより買い手候補の数が圧倒的に増えたのです。

具体的な事例で説明しましょう。

長野にある、創業40年ほどの温泉旅館の買い手候補となったのは、東京の病院（クリニック）でした。

この病院は東京で人間ドックのサービスを提供しているのですが、コスト競争によって単価の引き下げを余儀なくされ、なかなか採算が取れなくなってきていたそうです。そこで、クリニックの院長は温泉旅館併設の高級人間ドックサロンの開設を考えました。

元の温泉旅館では、客単価は一泊８０００円程度でしたが、人間ドックが行える温泉併設高級サロンに変えることで客単価を一気に上げることが可能で、旅館経営の課題である平日の空室率も改善します。

このように、まったく別の地域、まったく別の業種による買い手探しは、専門家に任せていてはなかなか実現できません。買い手本人が自らその情報をもとに発想することができてはじめてこのような結びつきが生まれるのです。

M＆Aにかかるコストが下がり、買い手の候補となる企業の数が増えたことで小規模M＆Aが実行できる環境が整いつつあります。高齢になった経営者の多くが自社に価値を見出せずに廃業するなか、買い手となる個人や中小企業がその事業に新たな価値を見出し、事業を引き継ぐことが可能になったのです。

第2章　「会社を買う」新しい仕組み

小規模M&Aには大きなチャンスがある——そのことがわかっていただけたでしょうか。

これまで、大手のM&A仲介会社に集約されていたM&Aの情報が、ITを活用することにより、簡単に誰でもアクセスできる環境になりました。いま、小規模M&Aが注目されているのはそのためです。

売りに出ている会社の実例

個人や中小企業向けに、ネット上でM&Aを進める仕組みのひとつに、「トランビ」があります。

興味を持たれた方は、ぜひネット上で「トランビ」を検索し、実際にそこにどのような会社が掲載され、「売りに出されているか」確認してみてください。

トランビは2011年、中小企業の後継者不在問題を解決することを目的に、私が父から継いだアスク工業の一事業として始めたM&A情報サイトです。M&Aを考えている会社の経営者同士が自ら交渉できる日本初の仕組みとして、最近では会員数が大きく伸びています。個人事業主も利用可能なことから、飲食店や、美容室など身近な事業の売買も活発に行われています。当初は経営者自らが交渉を行う仕組みとしていたのですが、最近ではM&A専門家が利用するケースも増えています。

温泉旅館、コンサルティング事業、コピー代行業、飲食店、ゲーム企画開発業など、様々なM&A案件がサイト上に「譲ります」として掲載されており、売り上げは1億円以下の会社が全体の8割ほどを占めています。

トランビで売却する事業の案件を掲載したり、掲載されている案件に買いの申し込みを行ったりするためには、まずメールアドレス等を記入してユーザー登録を行うことが必要になります。

ユーザー登録をしなくても、現在「売り」に出ている案件の一覧は誰でも見ることができます。

たとえばトランビに掲載されている「関東・甲信越のスポーツ用品メーカー」という案件では、次のような条件が明示されています。

売上高　500万〜1000万円
営業利益　500万〜1000万円

売却希望価格　750万～1000万円
所在地　関東・甲信越

このメーカーが作っているのは、ロッククライミングの滑り止め剤（チョーク）です。チョークは、クライマーの必需品で、消耗品なのでリピート利用があり安定した収益が見込めます。

さらにこの売り手は、セールスポイントと補足情報を次のように書いています。

〈日本のロッククライミング事業は成長の可能性が大いにあり、2020年には東京オリンピック正式種目になりました。日本人選手は男女ともに世界でもトップクラスの成績を残しておりメダルは確実視されています。

また、現在日本のロッククライミングメーカーは個人規模の企業しかないため、参入後に拡大していくチャンスはあると考えています。開業して1年半程度ですが、当メーカーの商品は多くの日本代表選手が使用しており、認知度も上がってきました。

製造業ですが、大きな工場などは必要ないため場所を選ばず比較的手軽に始められるかと思います〉

〈開業当初から、ここまで貢献したらやめると決めていましたが、継続を希望されるお声を頂いたため今回売却することに致しました。

売却後も業界についての情報提供やニーズなどご相談いただくことも可能です〉

この案件は実際にいまでも運営している会社なので、会社名や会社が特定されてしまうおそれのある情報の掲載はできないようになっています。万が一、会社を売っていることが事前に知れてしまうと取引先や金融機関に余計な心配をかけることとなり、最悪の場合取引停止となるようなケースも想定されます。M＆Aでは情報の扱いはもっとも大切なのです。

まずはネット上での打診から

トランビは、こうした会社の売り手と買い手を、ネット上でマッチングするサイトです。会社を売りたい人が、その案件を自らオンラインで掲載する。それを見て、買いたいという希望を持った人が、まずはトランビのサイトを通じて連絡を取るところから交渉がスタートします。買い手と売り手がサイトのチャット機能を使って連絡を取り合い、情報交換します。

たとえば、こんな企業が掲載されています。

高級釣り具店
モバイルゲームの開発会社
木造建築専門の建設会社
ベトナムへの越境通販サイト
露天風呂がある温泉旅館
貸し衣装&フォトスタジオ
沖縄本島での中古車販売/リース
チャット小説アプリ販売
ハワイのジュエリーショップ
子供向け体操教室
iPhoneケース、雑貨販売

どうでしょう。気になった企業はあるでしょうか。

さて、ここでは実際に「会社を買う」ためのプロセスについて簡単に触れておきたいと思います。会社を買収するプロセスは大きく分けると「検討期間」、「交渉期間」、「引き継ぎ期間」の三つの期間となります。

「検討期間」――どんな会社を買いたいか、買ったらどうしたいかをまず考える期間です。過去の自分の経験や能力と照らし合わせて、どのような会社を買えばよいのか、検討を繰り返して、いろいろな選択肢について悩む期間です。人によっては何年もずっと検討している方もいます。

「交渉期間」――長い期間をかけ検討を行った結果、実際に買いたいM&A案件を何件かに絞り込みます。いくつかの案件に連絡を取り、面談を経て、金額も含めた条件等を交渉して最終的には譲渡契約を結びます。最後に資金を振り込み、権利の譲渡を受けます。

「引き継ぎ期間」――譲渡契約の締結が終わり、先代の経営者から事業を譲り受けて、運営を行うために事業の引き継ぎ作業を行います。従業員、取引先や金融機関への説明、代表者が変わる場合は登記変更、具体的な日々の業務の引き継ぎなど多くの作業が発生します。

実は、この引き継ぎ期間こそ、もっとも多くの方々が「失敗」を犯す期間なのです。

引き継ぎ期間が終わるまで、気を緩めず、引き継ぎが終わってはじめてM&Aプロセスが完了すると考えていただきたいと思います。

仮に飲食店を買収しようと考えた場合、買収後にあなたはどんなお店にしようと考えていますか。

メニューを一新して女性客を増やす、内装を変更して高級感あるお店にする、食材の仕入れルートを変更して原価率を下げる、など様々な打ち手があります。単価を上げる、販売数量を上げる、などで売り上げを伸ばすのか、家賃や人件費などの固定費、もしくは食材などの変動費を変更するのか、など妄想を数字に置き換えて考えてみることも大切です。

この買ったあとの事業についての妄想は、専門家はやってくれません。経営者であるあなた自らがやる必要があるのです。この妄想と計算をあらゆる案件について何度も行ってみて、もっとも投資回収期間が短い案件がどのようなものなのか自ら計算してみるのがよいでしょう。

たくさんの「候補者」から一人に

具体的な案件が見つかった場合は、いよいよ交渉に入ります。

最初の段階では、互いに個人名や会社名などを明かすことなく、匿名で条件を伝えあいます。その後、面談に入る場合は、ここで知りえた情報を第三者に漏らさないという、秘密保持契約（ＮＤＡ）を結びます。この契約を結ぶことにより、お互いが安心して交渉に臨むことが可能になります。

会社の売買に関する情報は非常にデリケートで、仮にある会社が売りに出ていることがわかると、顧客からもう真剣に経営をする気がないとみなされてしまったり、取引業者が去っていく可能性もありますので最大限の注意が必要です。

そのため、お互いに情報はいっさい漏らさないという契約を結んだうえで、Ｍ＆Ａに臨むわけです。

匿名での交渉ではメッセージを繰り返し交換しながらお互いの意向を確かめたうえで、買い手を数社に絞り込み、その後秘密保持契約を締結してからお互いの社名や個人名を明かし実名交渉に移行します。

メールや電話で連絡を取り合い、「買い手」候補者が実際に会社を訪れたり、売り手と面談して、条件や金額を詰めていきます。そのあたりの細かいやり取りは、第3章の実例集で多く紹介していますので、そちらを参考にしてください。面談はこの時点では社員などに悟られないように、ホテルのロビーなどで交渉するケースもあります。

初回面談は、売り手と買い手が基本的には直接会って行います。専門家が同席することもありますが、彼らは補助役ですので、面談の中心はあくまで買い手と売り手です。

こうした面談にまで至る買い手候補は、一つの案件で3〜5人といったところが平均的のようです。つまり、会社の売り手一人に、5人の買い手が立候補するわけです。当然、競争倍率は高いですし、単に金額的に好条件を提示すればそれで話が決まり、というわけではないのが難しいところです。

トランビでM&Aが成約すると、手数料は買い手に3パーセントかかります。つまり、600万円で会社を買った場合、買い手は売り手に600万円、トランビに18万円の手数料を支払うこととなります。1億円の会社を買った場合、手数料は300万円です。

一方、売り手は手数料無料です。

ここで注意しておきたいのは、本書では話をわかりやすくするために「会社」という言葉を使っていますが、実際には「事業」単位で譲渡することも可能だということを頭に置いてください。トランビ上で売りに出ているネイルサロン、喫茶店、学習塾などの小規模な事業は、たいていの場合は法人成りしていない個人事業の譲渡として行われるケースがほとんどです。法人の株式を譲渡する場合と、事業を譲渡する場合では、取り交わす契約書が異なり、引き継ぎ内容にも影響を与える場合がありますので注意が必要です。詳しくは第４章を参照してください。

法人の場合でも、個人事業の場合でも、事業そのものは、業歴があり、顧客と取引先をしっかり持っている事業ですから、買い手はその事業に値段をつけて、買うという行為に変わりはありません。

超低金利を味方につける

ご存知のように現在はカネ余りの時代と言われています。

これは事業をする人にとっては非常に良い環境であると言えます。なぜなら、金融機関が資金の出し先を探していることと、その競争のなかで、融資の際の金利が著しく低下しているためです。事業をする人、つまり借りる側の人からすれば、いい条件で多くのお金を借りられる可能性が高まっているということになります。

低い金利で融資を受けられるということは、それを元手に事業を買い取る際、その事業が生み出す収益への要求を下げることができるということです。

借入金の金利が高いときは、返済に際して高い金利が求められるため、その事業が生み出す収益も、返済する金利を織り込んだ相応のものでなければなりません。

一方で、借入金の金利が下がれば、事業から生み出される収益も、金利が高いときほどは求められません。このように、金利が安くなることは、投資可能と合理的に判断できる会社やM&A案件が増えることにも繋がるのです。

しかし、いかに融資を受けやすいとはいえ、借り入れです。いずれ返済が必要なおカネであることに十分に留意をしておく必要があります。

また、超低金利の環境下で、事業の成長性と経営者のビジョンが確かであれば、必要な資金は金融機関が融資してくれる可能性は高まっていますが、融資の判断の際に買い取る会社や事業の内容は、当然、金融機関の審査の対象に入ります。当たり前ですが、環境が追い風であるからといって、どんな会社や事業でも必ず融資の審査に通るということではありません。

加えて、金融機関からの融資での資金調達の基本は、買い手であるあなたの企業や個人の信用力に基づきます。M&Aの準備を進めるとともに、自社の業績を伸ばすなど、信用力を高める努力も同時に進めていきましょう。

自社の実態からかけ離れた金融機関からの多額の融資を前提としたM&Aは、金融機関の審査結果にM&Aの実行可否を大きく左右されることに加えて、多額の融資が買った後の事業運営の際の負担になることも考えられますので、きわめて慎重になるべきです。

どう借りるか、どう買うかが目的ではなく、M&Aが成立したらどう事業を引き継ぎ、経営するなかでどうシナジーを高めていくかがポイントです。買った後の計画から逆算して、無理のない適切な範囲での融資を受けることが大切です。

超低金利市場の波を味方につけつつも、過度に融資をあてにし過ぎることなく、上手に活用することを心がけてください。

資金手当ての方法については第4章でも説明していますので参照してください。

脱サラして夢を実現

この仕組みが一般的になるにつれ、企業も廃業する前に、一度M&Aに挑戦してみようと、ネットに掲載し、買い手を待つケースが増えました。さきほどご紹介したような、「アーケード街の古い純喫茶」の店主が自分の店を売って若い経営者に譲りたいと考えるようなケースが多くなっています。

こうしたお店であれば、少額でのM&Aで個人が買い手候補ということになります。新たに店を引き継ぐ人も、個人事業主として引き継ぐのです。脱サラして長年の夢を実現しようと、都会からIターンで移り住んでお店を運営していこうという方もいるようです。

これまでのお店の良さを壊すことなく、メニューを少しずつ新しくし、内装を明るくして、固定客のお子さん、お孫さん世代が立ち寄れるように客層を広げるなど、先代の築いたものを活かしながら、お客を増やしているのです。

それだけ長く営業してきた店には、もともと立地面などの優位性がたくさんあるはずですから、郊外に一から開業するよりもはるかに有利です。

釣り具店でも、温泉旅館でも、体操教室でも同じです。先人が経営されてきた事業には、やはりそれだけの価値があります。営々と続けてこられた事業を、数百万円で引き継げるというのは素晴らしいことだと私は思います。

まずは副業から始める

サラリーマンが脱サラして経営者になると、ほとんどの方が「いままで自分がいかに恵まれていたかがわかった」と言います。営業マンとして超一流だった方が独立して営業の会社をつくったとしても、単に営業だけを頑張ればいいというわけではなくて、在庫管理や経理、仕入れなど様々な仕事が付随することにはじめて気づくのです。会社にいるときは、営業の人が全力で活躍できるように、様々な部署の人がバックアップしてくれていましたが、それを背負わなければいけません。

事務所代、電話代など普段はそれほど意識していないような経費が、結構重いということを知ると思います。私も経営者の一人なのでいつも実感しますが、新しい事業を手がける場合、いかに固定費をミニマムにしてスタートするかが非常に大きな要素になります。人を雇って仕事を増やせば売り上げが立つように思われていますが、実際には人件費が重荷になるケースもあります。また、はじめから立派なオフィスを借りれば、当然ながらそれもコストになります。

しかし、もしその立派なオフィスが営業面で大きな意味があると思えば、その費用も必要な「投資」ということになります。どのタイミングで大きな投資をし、どのタイミングで「コスト」を絞らなければいけないかは、慎重に判断しなければいけません。特に事業をゼロから始める経営者にとって、この判断が非常に難しいのです。

その意味でも、いきなり起業するのはリスクがある、と私は思っています。既存の会社なり事業を買ったほうが、何にどのくらいの経費がかかるのかあらかじめわかっていますし、利益とのバランスも事前に把握しやすいというメリットもあります。

サラリーマンの方は、いまの仕事を続けたまま、まずは「副業」として事業を始められてはいかがでしょうか。学習塾でも、ネイルサロンでも、ネット販売でも、いまの仕事で余った時間を利用して副業として手がけるほうが、余裕を持って取り組めると思います。

脱サラしてその事業でなんとしても成功しなければいけない、という場合、なんとか売り上げを伸ばしたい、利益を出したいと必死になってしまって余裕がなくなり、かえって状況も見えにくくなってしまいます。

そうなると新しい発想も出ないですし、逆にどんどん自分を追い込んでいってしまうようになります。

副業で事業を買われる方は、フランチャイズ事業がひとつの選択肢になると思います。フランチャイズは事業モデルやノウハウが出来上がっていますし、一定の収益性も示されていますから、サラリーマンの方が副業で手がけるのは非常にお勧めです。

起業して経営者になるのは夢のあることですが、経営は常にリスクと夢のバランスをとることが大切です。ゼロから起業する、Iターンで経営者になる、まずは副業で始めるなど自分でリスクを判断し、最適な道を選ぶのが経営者としての第一歩かもしれません。

これまでのように超一流企業や、超富裕層だけがM&Aに挑戦するのではなく、サラリーマンで起業や副業を考えておられる方、自営業でさらに業容を広げたい方、異業種に参入したいがノウハウがない中小企業などの方にも、ネットを利用した新しいM&Aをぜひ、検討していただきたいと思っています。

次章では、実際にM&Aで会社を買った個人や中小企業の方の実例も紹介します。

読んでいただければ、M&Aの世界が、グッと身近なものに感じられるようになると思います。

第３章　会社を買った実例集

事例1 地銀の援助で優良町工場を引き継いだ若手サラリーマン

「起業」から「M&A」へ

大手メーカーに勤めていたサラリーマンの坂本信二さん（仮名）は、出版印刷業の会社を買いました。

価格は、1000万円を超える額でした。

その会社は社歴が長く、財務的にも安定して黒字で、売り上げは数千万円ありました。技術力は確かで、仕事の発注元もありましたが、社長が70歳を超え、体力の衰えから受注する仕事量を絞るしかないという状態でした。

このケースでもそうですが、どの会社も社長が高齢化すると、売り上げが落ちてきます。体力を原因に自ら事業を縮小するためです。逆に社長が若くなると、売り上げは伸びます。事業に対し、精力的になるからです。営業を活発に行い、設備投資もたくさんします。そうすることで会社が、活気づくのです。

この会社では、廃業を考えるほかないというところまで追い詰められていました。悩んでいる社長に、顧問税理士さんがＭ＆Ａの話を持ちかけました。

「会社を売るという選択肢もあります」

と説得したのです。

２０１７年４月にこの会社がサイトに掲載されると、約20人もの買い手候補者が現れました。

しかし、半年以上経ってもなかなか交渉がまとまりません。このような技術系の会社は、買い手がその土地に移住しなければならないので、どうしてもハードルが高くなります。また、実際に会社を見学して断念した方もいたそうです。

そこに現れたのが坂本さんでした。

坂本さんは学生時代から起業家志向が強く、就職せずに起業することも考えていたほどでしたが、「大企業で働くチャンスは新卒のときしかない」と大手メーカーの系列会社に就職を決めたそうです。

その会社で働くなかで、中小企業の方との接触もあり、自分なりに中小企業の改善点などに目がいくようになって、かつての夢だった「起業」へと動きはじめました。

坂本さんは2018年春に、トランビのサイト経由で「買い手」候補に名乗りをあげました。社長側は坂本さんがあまりに若すぎるということで躊躇したようですが、ダメ元で面談したところ、思いがけず意気投合したのです。初対面のその日に、そのまま食事に行くほど話が盛り上がったと聞いています。

もちろん坂本さんには、自分で起業したいという思いもありましたが、一から会社をつくるよりも、既存の会社を買ったほうが従業員もいるし、取引先もあるので、比較的ハードルが低いと考えたのです。

交渉開始から約3ヵ月後には前社長から坂本さんへの事業承継が成約しました。

このケースでは、資金の面でも恵まれていました。

前社長にアドバイスした顧問税理士と、地元の地銀の助けを借りて、M&Aを成立させることができたのです。

会社自体の技術力が確かでしたから、経営者が代われば必ず会社が復活するという確信があったのでしょう。

いま、地方の金融機関は、廃業の危機に瀕している地元の中小企業のサポートに積極的です。彼らは、一つでも多くの企業に存続してほしいと考えています。金融機関にとっても、それが自分の会社が生き残る道でもあるからです。

一方、坂本さんは経理や営業を見直して受注を増やすことに専念しました。それまで断っていた発注を受けつけ、操業を通常に戻したことで、M&A成立後ほどなく売り上げは３倍以上になったのです。

坂本さんはさらに従業員を増やし、売り上げの拡大を図っています。経理ソフトを駆使して、管理会計を導入し、経理の効率化も進んでいます。

このケースでは、坂本さんが前社長や従業員、金融機関の方などとよい関係を築くことができたことが、事業承継成功のカギとなりました。


M&Aのプラットフォームには、日中のビジネスタイムのほかにも夜９時以降にアクセスが集中する時間帯があります。

ユーザーの多くは日々の仕事を終え、自宅で食事をしたり、お酒を飲んだりしてリラックスしながら、パソコンやスマホでM&A案件をチェックして楽しんでおられるようです。

ご自分の興味のあるジャンルの事業、かねて夢見ていた仕事ということにとどまらず、

「今後事業として発展する可能性がありそうだな」とか、「いまやっている仕事、事業との相乗効果を望めそうだ」とか、現実的な視点を持ちながら閲覧される方が多いようです。

この段階ではまだ妄想に過ぎないのですが、ある意味、妄想ほど楽しいものはありません。サイトを見ているうち、ボタンを一つ押せば、そこからM&Aの交渉が始まります。以下では、そうして会社を買った方々の体験談をご紹介します。

事例2 生徒数は50名 50代女性が「副業」で買ったロボット教室

身の丈に合った会社を買う

加藤弘子さん（仮名、50代）は、神奈川県にある子供向けのロボット教室（キットを組み立て、ロボットを作ることで、子供の思考力や独創性を育む学習塾。理系の知性を育てることが主眼）を250万円で購入しました。

生徒は50名ほど、売り上げは約600万円。

加藤さんは、Ｍ＆Ａの初心者です。今回トランビを見るまで、Ｍ＆Ａという言葉さえ知らなかったと言います。

「漠然とですが、もともと自分で事業をしてみたいと思っていました。でも、なかなか一歩を踏み出せなかったんです。それがトランビをきっかけに、ようやく踏み出すことができました」

加藤さんは教育関係の仕事をしていますが、いずれ来るリタイヤ後のために、いまから少しずつ自分のために時間を使っていこうと考えていたと言います。

「利益がどれぐらい出るかということより、いまの状況、限られた時間をどう活用するかということを考えました」

どんな会社を買いたいかは、人によって違います。加藤さんの場合、自分の身の丈に合ったものというのが、条件でした。

「今回の事業購入は、借金をしてまで買う気はありませんでした。また本業がありますので、副業では人を雇い、自分が動くのを３割ほどにしたいという気持ちもありました。そういうところから、案件選びをしました。私には経営の経験がないので、小さな規模のものから始めて、少しずつ経験を積んでいきたいと思っています。もちろん、慣れてきたら利益を追求したいという気持ちもあります（笑）」

本業が教育関係であることから、その経験を自分の事業で生かしたいという思いも、加藤さんにはありました。

足を運んで確かめる

加藤さんがトランビを知ったのは、自分で事業を始めることを意識しながら、ネットを見ていたのがきっかけでした。

「最初は、『譲渡』をキーワードに検索したんです。そしたら、トランビのサイトに出会いました。こんなにたくさんの会社やお店が売りに出されていることに、まず驚きました。いろいろ見ているうち、目移りし、考えたこともなかった雑貨店をやってみたいと思ったりもしました（笑）。ただ、気をつけないといけないと思ったこともあります。売りに出されている案件には、1億円を超えるものもあります。それは、通常のサラリーマンが買える金額ではありません。そういうものを見ていると、1000万円の案件を見たとき、すごく安く感じるんです。もちろん、それは錯覚です。そのことは注意しないといけないと、自分に強く言い聞かせました」

加藤さんは、ロボット教室を買うことを決めるまで、ほかの案件も検討し、実際に足を運んでいます。

「最初の案件は保育園だったのですが、教育関係の知り合い３人と一緒に見に行きました。そのとき一人ではなく、複数の人間で見ることは、とても大事だと思いました。それぞれ視点が違うので、いろんな角度から吟味できます。あとでおのおの感じたことを話し合い、結局その案件は見送ることにしました。金額的なことより、みんなの評価が合格点に達しなかったという感じです。私はその施設が、なんとなく暗く感じました。採光がよくないように感じたんです。こういう印象は、とても大事だと思います」

その案件を見送ったのち、二件目の交渉で成約に至りました。ここでも決め手は、直感だったと言います。

「直感が大事なことは、案件だけではなく、オーナーさんとの面談でも言えます。話の内容より、表情やちょっとした言葉遣いなどで、印象は決まります。人と人との間には、言葉や理屈では表せないものが働き、案外それが大きかったりします。ロボット教室の場合、オーナーさんの話に納得したこともありますが、人柄に何かいい印象を受けたんです。会う前にも、チャットでやり取りしていますが、実際面談することはとても大事だと思います。ただ

1回目は、緊張してあまり話せなかったりしますので、2回目ぐらいで何か感じるものが出てくるという感じです」

M&Aは、双方が合意することで、はじめて成立します。加藤さんは成約ののち、元のオーナーになぜ自分に決めたのか、聞いたことがあります。

「買いたいという申し入れは、企業からもあったそうです。でも、オーナーさん自身も個人だし、やはり個人に売りたいと考えていたそうです。企業の場合は、営業の方との話し合いになります。そして、そこでした話を、一度会社に持って帰ります。そのため、どうしても実際に経営する人の顔が見えず、引き継ぎは難しいとおっしゃっていました。それはおカネの問題ではありません。オーナーさんは、子供相手の教室なので、子供を楽しませる意志をきちんと引き継いでくれる方でないと、いくらおカネを積まれても、売りたくないと思ったそうです。その点を、私は信頼していただいたのだと思います」

前オーナーとの相性が良かった

買い手が個人と法人のどちらがいいかは、売り手によって違います。チャットによる最初の交渉は匿名で始まるので、個人より法人のほうがいいと考える人が多いのも事実です。しかし、法人と言っても、個人が会社を買うために作った法人であることもあります。大切なのは誠意を持って交渉に臨み、信頼関係を構築することです。

加藤さんは、教育関係の仕事をされていることもあり、自分の意向を語るとき、相手に安心感を与える方です。

M&Aの現場は、どうしてもお互いに大きなプレッシャーがかかります。そのため交渉の際は、相手への最大限の配慮が大事です。

まるで不動産取引のようにおカネを出せば会社を買えると考えている方もいますが、それではうまくいきません。会社は生き物であり、多くの人が関係しています。そのため、社長はもとより取引先や顧客など会社に関わっている人の気持ちになって考えることが、成約の条件と言えます。

そして加藤さんの場合、元のオーナーから金額の提示があったのは、話がほぼ固まってからでした。

「私も元のオーナーさんも、あまりはっきりとおカネの話をするのが苦手なタイプだったのだと思います。私も、利益がどのぐらい上がっているのかといったことは聞かなかったし、元のオーナーさんも言いませんでした。話しているうちに、黒字経営であることはわかりましたから。譲渡の金額も、事業の内容について話しながら、とても緩やかにその話をしました。二人ともそういうタイプだったので、相性が良かったのだと思います」

定年退職サラリーマンを講師に雇用

加藤さんがトランビを見はじめてから、実際にロボット教室を買うまでの期間は4ヵ月かかっています。

「結構早かったと自分でも思います。ただ私は、何事も一度気になると、ずっと気になってしまう性格なんです。M＆Aという言葉も知らなかったぐらいですから、わからない言葉が出てくると、それをメモして調べたり、経済の本やサイトを集中的にかなりたくさん読んだりしました。もちろん、この短い期間で経済の知識を完璧に習得することはできませんが、実際にやっていくなかで、わからないことが出てきたときに解決する方法を学びました。事業規模が大きくないので、多少マイナスが出ても大したことはないと思っていました。一つ心配だったのは、前のオーナーさんが男性だったので、女性に代わると、親御さんに戸惑いが生じるかもしれないということです。そこでオーナーさんと相談して、全員の親御さんに『こういう理由で引き継ぐことになりました』と手紙を書きました。またロボット教室は、理系の学びの場なので、そういう点でも不安があるかもしれないと思い、アルバイトの男性に前面に出てもらうようにもしました」

ロボット教室の運営は、現在順調です。それはサポートするアルバイトの方に恵まれたからだと加藤さんは言います。

「最初は大学生の方に頼もうと思いました。大学の中にアルバイトを斡旋《あっせん》するところがあるので、そこに電話をしたのですが、断られました。私に経営の経験がないこと、事業運営実体が見つからないことが、理由でした。ハローワークにも連絡したのですが、同じ理由で断られました。すぐに見つかるだろうと思っていたので、かなり焦りました。最後にネットの求人サイトに登録し、事務局の方と直接話をして『譲渡契約書』や『賃貸契約書』等を示して審査を受けました。掲載されるまでに1週間以上かかりましたが、掲載3時間後に申し込みがあり、2日後に面談させてもらいました。元大手電機メーカーを定年退職された方です。いろいろ考えるうち、若い人より年配の方のほうが、親御さんに安心感があると思ったんです」

その人は、偶然、好都合な条件を備えていました。

「たまたま教室の近くに住んでおられたので、急に私が行けなくなったときなどは、代わりに行ってくださいます。子供たちが来る前に、教室の掃除をしてくださり、子供たちが帰ったあとも、『僕があとやっておきますから』と言って、また掃除をし、鍵を閉めて帰られるんです。その人は、よく私にこうおっしゃいます。『この齢《とし》で雇っていただいて、ありがとうございます』。私は人に恵まれたなと思います」

加藤さんは、新しい事業の展望について、次のように語ります。

「私はこの事業で、いままで自分が経験してきたことの集大成を目指しています。これまでも子供とその親に関わる仕事をしてきていますが、その蓄積を経営者として生かしたいと思っています。もちろん、現実的なことも考えています。いまの勤めはいずれリタイアのときが来ます。そのとき、どうしようと考えるのではなく、いまのうちから、そのときのことを考えて動いている面もあります。後々は、個人事業からもう少し規模を大きくし、法人化できたらと思っています」

事例3
福岡から全国へ老舗ブランドの豆腐スイーツに懸けた夢

大手企業社員からM&Aの道へ

島原創さんは、2018年5月、福岡市の豆腐工場に併設したカフェスイーツ店を約7000万円で購入しました。売り上げは約1000万円でした。

店舗は、都市の中心部から離れた自然の中にあります。その場所はドライブルートにあり、地元の人たちの行楽地になっています。

カフェの内装は、白壁とダークブラウンの木の腰壁《こしかべ》のコントラストが上品で、多用したペンダントライトが、さらにその印象を強めています。

そこで売っているガトーショコラは、隣接の豆腐工場で作った豆乳をたっぷりと用い、濃厚な味わいが秀逸をきわめています。

前オーナーは、譲渡したカフェスイーツ店のほか、カレー店など数店を経営しています。

事業整理のため、カフェスイーツ店だけを、島原さんに事業譲渡したのです。

島原さんは、元々マーケティングリサーチの大手企業の執行役員を務めていましたが、その後、脱サラします。そして、テレビ通販の放送状況データベースを広告代理店に売る会社を立ち上げます。

「札幌から福岡まで、全国9都市で地上波放送を調査、ほぼ毎週全国に出張して情報収集システムのメンテナンスを行っていました。かなりアナログな仕事でしたが、誰もやっていないことだったので、当社の独占状態になりました。ある意味ラッキーパンチでした」

その仕事で全国に出張するうち、島原さんはその先々で独自の観察をします。その観察が、後のM&Aの基礎になりました。

「出張で、しょっちゅう地方の空港やターミナル駅に行きます。待ち時間にそこの土産売り場へ行き、従業員のために買い物しながら、たくさんのお土産商品を見るようになったんです。なかでも気になったジャンルは、お菓子でした。新千歳空港では、ミルクやチーズを使ったスイーツが、新商品として次々に出ます。また、沖縄の紅いもタルトは、年間50億円以上の売り上げがあります。手土産菓子は当たると大きい市場だなと思っていました。調べてみると、お菓子業界以外から参入して成功しているケースもありました。そういう視点で見ながら、もっとこういう商品があればいいのにと、よく考えたりしていました」

その後島原さんは、ノベルティ商品の会社など2社を立ち上げました。特にノベルティ商品の会社は、売り上げが順調に伸びました。

「その頃、ちょうどトランビを知ったので、ノベルティ商品の会社以外の2社を売ろうと思い、登録しました。でもまだ当時のトランビはユーザーの登録数が少なく、売買は成立しませんでした」

結局島原さんはその2社を、トランビとは別の仲介会社を通じ、売却しました。

「僕はM&Aのルートを持っていたんです。それは大手企業の役員の頃、M&Aを経験しているからです。M&A実施のステップは、一通り知っていました。そのため自分の会社を売るときも、それほど手こずることなくできました」

「よし、これでいこう」と

自社を売ることによって得た資金で、何か新しい事業を始めようと島原さんは考えます。

そこで思い付いたのが、スイーツでした。

「そのとき考えたのが、ギルトフリー（罪悪感がない）スイーツという甘くないケーキです。砂糖が入っていないので、体にいい、罪悪感がないというケーキです。海外では流行っていますが、日本はまだなので、これをやろうと思いました」

プロの料理家にコンセプトを伝え、レシピを作ってもらい、コーヒーをベースにしたパウンドケーキなど、いくつか作ったものの、どれも失敗に終わります。

「結局甘くないから、何を作っても美味しくないんですよ。これでは商売にならないと思いました。一から始めるのは、大変だと思いましたね。前の事業がうまくいったのは、ラッキーパンチであることを痛感しました。やはり黒字化できる商材を作るのは、難しいです。商品開発に、いくらかかるかわからないですから」

島原さんは、再びトランビに着目します。しかし今度は売り手ではなく、買い手の立場です。

「一から売れるお菓子を作ることが、いかに大変かがわかったので、トランビにお菓子屋さんが出ていないかと思ったんです。小さい規模のお菓子屋さんを経営する方は、基本的にビジネスマンではなく職人さんということが多いです。お菓子を作るのが得意でも、ビジネスとしてあまりうまくいっていないところもあるんじゃないかと思い、検索してみました」

1年前に見たときより、案件が増えていることに島原さんは驚いたと言います。そして思った通り、お菓子関連の会社も多く出ていました。

「洋菓子工場の案件が多かったです。関東のもので気になったのは、いくつかありましたが、どれも僕が買うには、規模が大きかった。トランビにはアラート機能があるので、それをオンにしておくと、しばらくして福岡のスイーツ店のお知らせが来ました。それは老舗豆腐店の材料を使った、スイーツのお店でした。その瞬間、これで行こうと思いました」

売れる手土産菓子の条件は、いくつかあります。地元のものであることや、差別化できるポイントがあること。島原さんは、その豆腐店が「老舗」であることに着目しました。

「『老舗』という名目は、三代、約100年続いていないと掲げられません。それがあることはわかりやすいと思ったんです。はっきりした言葉を前面に出せるのは、やはり強い」

M&Aは、専門家が仲介すると、どうしても条件や数字などの確認に時間がかかってしまう部分があります。また時として売り手と買い手の思いが、置き去りにされてしまうおそれもあります。専門家によるM&Aと、トランビでのM&Aのどちらも経験している島原さんは、その違いをよくわかっています。

「専門家は、損益計算書（PL）や貸借対照表（BS）など、財務諸表を見せてくださいと言ってきます。それを見せたところで、本当に検討してくれるのか、素振りも見せない。少しも経営の本質的な話にならないんです。一方、トランビは、基本的には売り手と買い手が、直接やり取りすることから始まります。専門家が入り、まだるっこしいやり取りはなく、『一度、現場を見せてもらえますか』『本当に買う気はありますか』というところに、すぐ入っていけます」

思いがけない幸運

「売り手は福岡で事業をされているので、はじめは東京から来た僕に対し、警戒したようです。本当に買う気があるのか、狙いは何かと、かなり尋ねられました。豆乳を仕入れている老舗豆腐店のオーナーに僕が気に入られるかということも、相当気にされていました。もし買い手がお菓子業界の人なら、これは価格交渉が可能な案件だと思います。僕は、他業種のため、そういうことはしませんでした。僕の提示した金額は、ほかの方より高かったのかもしれません」

そこで売っている豆腐スイーツは、老舗豆腐店が、豆腐の加工品を作れないかとあちこちに相談したのが始まりです。そして本件の売り手である前オーナーと知り合い、豆腐や豆乳を使ったお菓子を開発しました。

「僕が買ったとき、商品、店舗、ネットの販路が、すでにありました。必要な要素がコンパクトに揃っていた点に、まず惹かれたんです。僕自身商品をネットで取り寄せ、食べてみました。とても美味しく、まわりに食べてもらっても評価が高かった」

しかし、事業内容に着目すると、いくつか問題点が明らかになってきました。

「売り上げも少し落ちていたし、従業員のモチベーションもあまり高くありませんでした。僕は、商品の種類が多すぎると思いました。従業員が3人と少なく、これでは手間がかかりすぎます。効率を上げるため、スコーンやプリンをやめ、ガトーショコラひとつに絞りました」

島原さんは、従業員のモチベーションを上げるため、努力しました。

「地方の人は、よそ者になかなか心を開いてくれない方もいます。指示を出しても、容易には従ってくれない。そういうことは予想していましたので、買収する2ヵ月前から、僕が現場に入り、作業を手伝ったのです。百貨店催事にも無償で販売応援しました。どうすればお客さんが来て、売り上げが伸びるかは、僕自身これまでのビジネス経験で培ったノウハウがあるので、それを試食販売の現場で見せたところ、実際に売り上げが伸びたのです。そんなふうにして、少しずつ従業員も心を開いてくれるようになりました」

販路の拡大は、ゆっくり時間をかけようと島原さんは思っていました。ところが、お店を買って間もなく、幸運が舞い込みます。

「視聴者の多い地元の情報番組で紹介されたのです。その後すぐ、バイヤーから問い合わせがありました。結局3ヵ月で、福岡空港に商品を置くことができるようになりました。地方のお土産で、お菓子が豊富なのは、札幌です。福岡は明太子を筆頭に、海産物が多く、お菓子が少ない。バイヤーも、お土産になるお菓子が欲しかったと言っていました」

「実感ある仕事」の喜び

現在島原さんが力を入れているのは、パートをはじめとした従業員とのコミュニケーションです。

「人間関係を作るために飲みに行ったりもしますけど、従業員は主婦の方もいて、いわゆる飲みニケーションは、あまりできません。でも、コミュニケーションを細やかに取ることを心がけています。彼女たちに特徴的なのは、東京の人に比べて、非常に自己評価が低いこと。みんな真面目で能力が高く、体力も仕事の遂行力もあるのに。だから、時給を上げるだけでも、すごくモチベーションを上げてくれます」

本店のカフェは山の中ですが、一種の観光地にあるため、週末は結構な賑わいを見せます。

「ドライブルートで、近くに道の駅があります。春は花見、夏は避暑とホタル狩り、秋は紅葉。福岡や佐賀の人が遊びに来ます。カフェには、若い人はもちろん、家族連れや年配の方も来てくれます。僕は、そこから少し山を下った所に住んでいます。学生アパートのような、小さくて家賃の安い部屋です。日頃の足は中古車で、一年の半分はそこにいます。これまでに立ち上げた3社はラッキーパンチですぐ儲かったから、はじめて苦労らしい苦労をしているなという感じです。これまでのネット系のビジネスに比べたら、使っているおカネはまだ小さいですが、仕事の充実感は比べものになりません。

ネット系のビジネスは、儲かっていてもあまり現実味がありませんが、こちらはリアルなビジネスなので、おカネを儲けることがいかに大変かを痛感する一方、喜びもひとしおなんです」

元サラリーマンだからできること

島原さんは、商品の質も向上させました。

「添加物は、いっさい使っていませんし、抹茶味に使うのは、福岡の名産品である八女《やめ》抹茶です。機械ではなく、石臼で挽いた粉なのでとても細かく、抹茶の香味を最大限に感じられます。高級な粉なので、お菓子でこれを使っているのはまずないでしょう。抹茶が好きな人なら、すぐにわかります。ただ、この味を伝えるのが、難しいところです。正直なところ、抹茶はもう少し安いものを使いたかったのですが、従業員がみんな、全然味が違うからこれでいきたいと言うので、そうしました。それは八女のなかでも、一番老舗の抹茶なのですが、メーカーにクレジットを商品に入れさせてほしいと言うと、断られました。しばらくして、バレンタインのとき、福岡にお店を出していたら、そこへ八女市の人が買いに来ました。その人がたまたま商品をプレゼントした相手が、うちが使っている抹茶の老舗の重役だったんです」

その重役は、島原さんに長文のメールを送ってきて、商品にクレジットを入れることを許可してくれました。今度は島原さんと一緒に、催事を行う約束もしました。

「買収から1年が経って、少しずつ広がりが出てきました。空港の店舗も拡大できたし、福岡市のデパートからも商品を置きたいと言っていただいています。ただ財務状況をいうと、まだまだ黒字化できていません。催事をすると、知名度をあげる効果はあるのですが、主催者に払うマージンがかなり高額になります。空港の店舗もそうです。売り上げは伸びてはいるのですが、ものすごく売れた月がないのが現状です。

銀行は、いまとても渋いです。前の会社は、売り上げがあったので、融資も簡単でした。でも、新規だと難しい。いまは1年経って、店舗も2つ増え、催事のための経費がかかって赤字は赤字ですけど、それは初期投資と思っています。2年目、3年目はこうすれば黒字になるというのを、実績を示しながら話せます。僕の黒字化するノウハウは、会社員時代に培ったものです。

お店など、個人事業でずっとやってきた人が、急激に成長ビジネスを作るのは、難しいところがあると思います。一方、サラリーマンは、ゼロから何かを作ることは厳しいですが、すでにあるものに利益が出るようにしたり、利益をより大きくしたりする方法は心得ています。特に僕が勤めていた会社は、日々改善の連続でしたから、その面には自信があります」

事例4 「定年後」を見据えた選択 創業30年「学生街のコピー店」を買う

エリートサラリーマンの決断

本書の冒頭で紹介した朝賀正さん（仮名、40代）は、都内のコピー代行会社「三陽コピーセンター」（有限会社）を約1000万円で購入しました。

物件はいわゆる文教地区にあり、まわりには学校が多く、学生が持ち込んだ資料を預かり、印刷することや、ダイレクトメールを作ることが主な業務です。

M&Aには、事業譲渡と株式譲渡の2種類があることを先ほど述べましたが、これは株式譲渡です。

元のオーナーは、高齢を理由に事業承継を希望し、トランビに登録しました。

朝賀さんは、大手システム企業に勤めています。今回の購入は、セカンドキャリアを考えてのことでした。

「サラリーマンは、もう卒業でいいかなと思ったんです。新卒でいまの会社に入り、転職することもなく、30年近く勤めていろんな部署の長を経験しました。いまは600人ぐらい部下のいる営業部の統括部長ですし、その前は新規事業部の事業部長でした。新しいものを作り出し、それをマーケットに乗せる仕事も、その利益をより大きくする仕事も、リーダーとしてやったので、サラリーマンとしてやり尽くした感じがするんです」

結局、自身のサラリーマン生活に先が見えてきたことが大きいと、朝賀さんは言います。

「いまは定年が来たら即退職ということにはなりません。本人が働きたいなら、働きつづけることができます。しかし、会社の先輩たちを見ていると、60歳が近づくにつれ、少しずつ役職が落ちていき、60を過ぎたら一般職になってしまいます。収入も減りますが、それ以上に夢がない。役員になったとしても、その地位にとどまれるのは、数年です」

従来は、60歳で定年退職するのが一般的でしたが、2013年に高年齢者雇用安定法が改正され、退職年齢の引き上げや、継続雇用などが義務付けられました。60歳を超えても会社に残ることが可能になりましたが、年収は大幅に下がり、かつての部下たちの指示を受けながら働くことに複雑な思いを抱いている方も多いようです。そうまでして、会社にしがみつきたくないとスッパリ退職される方もいますが、多くは老後の収入を考え、会社に残る選択をされています。

朝賀さんは、そうした現実と向き合い、ご自分なりのポジティブな結論を出されたと言えます。

食肉加工会社を成長させるアイデア

朝賀さんがトランビに出会ったのは、2018年。同じ頃読んだ三戸政和さんの『サラリーマンは300万円で小さな会社を買いなさい』にも触発されました。

「私は出張が多いので、移動中よくトランビを見ながら、いろいろ妄想するようになりました。この会社を買ったら、自分ならどうするだろうというふうに。着目したのは、いまの仕事や取引先と同じような業種の会社です。やはりこれまでの知識と経験を生かしたいという思いがありました。でも、いざM&Aをやろうとすると、個人が会社を買うのは、そう簡単ではないことがわかりました。金融機関からおカネを借りようとしても、ちょっと厳しい感じでした。もっともこれは、私が1000万円単位のかなり大きな会社を買おうとしたからだと思います。結局、身の丈に合ったものにしようと方向転換しました」

朝賀さんがこのコピー代行会社を買おうと思ったのは、シナジーに対する目算があったからです。

「この会社は、顧客のほとんどが学生さんで、B to C（一般消費者向け）の事業をしています。顧客に自分の会社や取引先を加え、B to B（企業向け）ができると思ったんです。それによって、かなりの売り上げ増が期待できます。取引先の向こう側にいるユーザーにも働きかければ、売り上げを倍にするのも、難しくないと思います。3倍ぐらいになるんじゃないでしょうか。その点での自信はあります」

企業が販売する製品やサービスは、企業（Business）向けと、一般消費者（Consumer）向けに大きく分けられます。

違いは製品やサービスの中身、価格、数量などですが、企業向けの製品やサービスに消費者から問い合わせがあり、試しに一般市場で売ってみると、爆発的に売れることはよくあります。つまり、B to Bの中にはB to Cが隠れていると言えます。これは逆も言うことができ、B to Cの中にB to Bが埋もれていることもあります。それを見つければ、ビジネスチャンスにつながります。

「この案件を購入する前、やはりトランビを介して、食肉加工会社と交渉しました。成約には至らなかったのですが、そのときも同じようなことを考えました。その会社はB to Bだけを行っていましたが、そこにB to Cを加えることを思い描きました。たとえば、いまはバーベキューブームですが、食肉をバーベキューの食材として、ネット通販で一般消費者向けに売れば面白いんじゃないかと考えたりしました」

令和元年5月1日のスタート

最終的に、朝賀さんにこの会社を購入する決心をさせたのは、元のオーナーの人柄でした。

「はじめは『紙の印刷物は今後減っていくだろうし、斜陽産業かな……』と思っていたんです。それなりにニーズがあるのはわかっていましたが、あまり利益は期待できないな、と。しかし、このコピーセンターをはじめて見学に行ったとき、入り口に飾られているたくさんの写真を見た瞬間、『買おう！』と決意しました。

そこには、ここに通ってくれている学生さんたちの写真が、たくさん貼ってありました。元のオーナーと、ここへコピーを頼みに来る学生さんたちが、とても仲がよく、アットホームな雰囲気だったんです。私が見学に行ったときも、みなさんでお菓子を食べ、お茶を飲みながらにこやかにおしゃべりをしていました。学生さんたちは、卒業して社会人になってもここを訪れたり、歯科医になった学生が、そのことをオーナーに報告に来ることもよくあるそうです。変な人に買われて、こういう温かい空気が失われるようなことがあってはいけないと思ったんです。この雰囲気を守りたいと思いました。言葉はおかしいですが、一種の正義感のような気持ちでした」

朝賀さんの純粋な気持ちは、元のオーナーにも伝わったようです。購入の申し込みは20件ほどありましたが、選ばれたのは朝賀さんでした。

「いまやっていることをちゃんと守りながら、新しいことをやりたいという話が、響いたんだと思います。それ以外の人は、価格しか興味がなかったのだと思います。もしよかったらこのまま働いてくださいと元のオーナーさんに申し上げたところ、快く承諾してくださいました」

コピー機をはじめとした機械設備はリースではなく、すべて買い取りです。

機械設備をリースにするか購入するかは、それぞれメリットとデメリットがあります。

リースの場合は、機械を変えたり、台数を増減したりすることも容易です。しかし、長期で見るとリース料の総額は機械を購入した場合と比べて割高になっています。

リースにすることのメリットは、１ヵ月のコストと利益が見えやすいことです。印刷業は機械設備への依存が大きいので、リースか買い取りのどちらにするかで、短期、長期の利益に影響を与えます。

会社を引き継いで間もない朝賀さんは、いまそれで悩んでいます。

「印刷業は、時期によって売り上げが結構変動します。機械をリースにし、その分を変動費にすれば安全ですが、利益が少ない。機械を購入し、固定費にすると覚悟はいるんですが、売り上げを上げれば利益も大きくなります。前のオーナーもそこを考え、機械を購入していましたが、私はまだ始めたばかりなので、リースに変更すべきなのか、判断がつきません。まあ、やりながら考えようと思っています。

ただ、サラリーマンって、変動費など、安全なほうへ逃げることが多いんです。そのほうが、自分が傷つかないですしね。そういうとき、私はよく攻めればいいのにと思いましたし、私に判断が委ねられたときは、攻める判断をしたこともあります。ですから、いまはやはり機械を買い取るほうへ気持ちが傾いています。

令和元年のスタートの5月1日に会社を引き継いで、いまはまだ走り出したばかりですが、ゆくゆくはこちらの会社で頑張っていきたいと思っています。

近い将来にこちらに集中して、サラリーマン時代にはできなかった挑戦をしたいと思っています」

事例5　「小型M&A」で中小企業をバージョンアップさせる

前オーナーとコミュニケーションを

都心から電車で2時間ほどの千葉県茂原市でソフトウェア開発業「もばらぶ」を営む鹿島和郎さん（40代）は、２０１８年10月、神奈川県の英会話塾を数百万円で購入しました。生徒数25名で、大人向けに英会話を教えています。売り上げは１０００万円以下の、赤字経営の案件でした。

元のオーナーは、ほかにも英会話塾を2件経営していますが、人手不足で規模を縮小するため、この拠点を売ることにしました。

「もばらぶ」の事業は、中小企業などのＩＴ化、ウェブサイトのソフトウェア開発がメインで、社員が5名ほどの小規模な会社です。ほかには、契約社員やアルバイトという形で数十名の人が、働いています。

「もばらぶ」は都心から離れた場所に設立していることもあり、特定のオフィスを持っていません。それは鹿島さんの経営哲学が、働く人が働く場所と時間帯を自由に選べるようにするというものだからです。そのため従業員は、在宅ワークが基本です。

「トランビは、ネットで知りました。以前から、M&Aには興味があり、ちょうど、何か新しい事業投資をしようと考えていた時期で、かなり注意して見るようになったんです。弊社は小さな会社なので、金額が見合うような案件があれば購入したいと考えていました。英語教育ありきだったわけではありません。金額でいうと、数百万~1000万円ぐらいでいいものがあればという感じでした。飲食業などのいまの事業にまったく関係のない業種を外していくなかで、英語関連のビジネスがいくつか残りました」

売り手に選んでもらえた理由を、鹿島さんはこう考えています。

「一つは、こちらの狙いを明確にお伝えできたこと。もう一つは、連絡を早めに細かく取っていたことだと思います」

一方、ある程度の慎重さは必要と鹿島さんは言います。

「売り手のなかには、高い金額を提示し、売り抜けることを考えている人もいます。そういう売り手もいることは、念頭に置く必要があると思います。今回の売り手の方は、やり取りがとても丁寧で、誠実さを感じることができました。

M&Aというのは、やはり相互の信頼があってこそのものだと思います。逆に、少しでも引っ掛かるものがあれば、やめたほうがいいと思いますね。会社を買うのは、大きな買い物ですから。同時に、こちらも相手に不安を与えないよう、心がけることが大事だと思います」

売り手と買い手の信頼が大事なのは、成約のときまでではありません。引き継ぎのときも同じです。

「生徒さんにすれば、オーナーが代わることに、多少の不安はあると思います。新たに講師の採用もしたので、その講師への指示などを含め、前のオーナーとコミュニケーションを取るようにしています。変化があまりないほうが、生徒さんも不安が少ないと思いますので、それを心がけています」

英語力アップに役に立つ

今回鹿島さんが英会話塾を購入した動機は、従業員の研修のためです。それは、会社の成長のためには、従業員の英語力向上が必須と考えたからです。

「私はかねてから、ITエンジニアには、英語力が必要だと考えてきました。理由はいくつかあります。一つは、ITエンジニアは、英語の文書を読む必要があるからです。ITは、新しい技術がどんどん更新されていく世界です。最新の情報は翻訳があることもありますが、英語でしか読めないことが多いのです」

鹿島さんは最近、海外の人材活用を推し進めています。

「弊社では、オフショア開発（システムの開発や運用を海外に委託すること。人件費などコスト削減が目的）を本格的に取り入れています。これからの時代は、人口減少による労働力不足は避けられません。弊社でも、外国人技術者の採用が増えていますので、英語でのやり取りはどうしても必要です。また今後は、海外展開を目指す会社を、ITの面でサポートしていきたいと考えているので、海外の方とのやり取りは間違いなく多くなると思います」

これまでも鹿島さんは、従業員に英語力をつけることを、会社の方針として推し進めてきました。

「初心者、中級者には、レアジョブのようなオンラインレッスンや、イーオンなど英会話塾の費用を補助してきました。一方、上級者には、オフショア開発プロジェクトに入ってもらい、実地で英語を学んでもらっています。弊社のメンバーの大半は、読み書きは問題ありませんが、ビデオ会議など会話が苦手な人が多い。それを補強したいと考えていたので、今回英会話塾を購入しました。そこでは一般的な英会話のコースに加えて、ＩＴ技術者向けのコースを設けようと考えています」

そのＩＴ技術者向けのコースは、オンラインでも行う予定です。

「忙しくて、英会話塾に足を運んでもらうのが難しい人、地方や海外に住んでいる人には、このコースを受けてもらおうと思っています。こちらでは基本的に、英語学習を自習という形で進めてもらい、定期的に講師とビデオ通話を行ってもらいます。そして、進捗の確認、どれだけ向上したかのチェック、レベルに合った教材と学習法の提案などを行う予定です」

鹿島さんは、今回購入した英会話塾を従業員の研修だけでなく、一般の顧客向けに活用したいと考えています。

「購入した理由の一つに、大きな駅の近くだったことがあります。駅から近いと、より多くの顧客を見込めますので。ただ、競合が多いのも事実です。何とかして英語塾だけで黒字にもっていくのが、これからの課題です」

事例6 「新社長」の初挨拶 「社員たちに伝えたこと」と特別ボーナス

はじめてのM&Aに臨む戸惑い

企業データ活用をメイン事業にするネイチャーインサイトは、2019年1月、システム開発の技術支援サービス企業T社を、約4億円で買収しました。T社は従業員数が50名。売り上げは約5億〜7億円でした。

このケースは買い手が法人で、売り手から株式を譲り受けて法人化しています。売り手は、事業整理のため、会社を売ることを決めたそうです。

ネイチャーインサイトの代表取締役・篠田竜司社長は、今回、はじめてのM&Aに挑みました。

「これまでもほかの仲介会社にユーザー登録して、メルマガを読んだりはしていました。弊社は単純に人手不足だったからです。もちろん採用という方法もあるのですが、いまエンジニアの採用は厳しく、それだけではなかなか追いつきません。同業で、優秀なエンジニアを抱えている企業があればと思っていました。でも、来るのは、会社を売りませんかという話ばかり。買い手として登録しているにもかかわらずです」

そんな折、篠田さんは、サイトで案件として紹介されているT社を見つけます。

「特に、システム開発エンジニア派遣の仕事をされている会社を中心に探していました。ほかの条件は、会社が東京にあること、エンジニアの数が、25〜50名ほどであること。少ないと、採用のほうが、コストが安くなります。それなりの規模がないと、M&Aをするメリットがないと思いました。T社は、そういう条件に適《かな》っていたので、すぐに問い合わせました。事務方は3名ほどで、ほとんどがエンジニアの会社です。問い合わせ後、相手方の仲介者から、すぐに返事が来ました。詳細について、一度ご説明をしたいということで、面談の機会をいただきました」

しかし、話を聞いても、M&Aの経験のない篠田さんには、わからないことばかりでした。

「初回に財務諸表を見せていただき、金額のご提示もありました。でも、私には、その金額が適正なのかどうか、判断がつきませんでした。大きな買い物ですから、すべてが不安でした。私のほうは、公認会計士と弁護士をアドバイザーとしてつけて対応させていただきました。書類作成もアドバイザーに指導していただいたので、その点は心強かった。デューデリジェンス（M&Aの際、企業の資産価値を適正に評価する手続き。企業の収益性やリスクなどを総合的かつ詳細に調査してその価値を査定する）も、その方にしっかりとやっていただきました」

売却されるT社を実質的に切り回しているのは、社長ではなく、ナンバー2の取締役でした。篠田さんは、そこにも少し不安を感じたと言います。

「売り手の社長は、私と同年代の方だったので、ちょっと驚きました。自分の会社を売ってしまうということは、おそらくアーリーリタイアされるということでしょう。40代でその判断は、少し早すぎる気がしたのです。売り上げも順調なのに、どうしてだろうと思いました。会っても、そこのところはあまり詳しくはお伺いできませんでした。でもまあ、そういう人生観の方なのだと考えるようにしました」

誰が「キーマン」か見極める

そこで篠田さんは、ナンバー2に着目します。

「この人が、キーマンだと思ったのです。その方とうまくやれるか、また、その方がこのM&Aをどう思っておられるかで、判断しようと思いました。仲介会社の人に『判断をするのに必要なので、ナンバー２の方と面談の機会をいただきたい』と私がお願いすると、仲介会社の人も同席するという条件付きで、ナンバー２の方と会食しました。その方も40代で、いわゆる体育会系のバリバリ仕事をするタイプでした。そして、このM&Aを前向きに考えていて、この会社を成長させるチャンスと捉えているということでした。社長があまり積極的な拡大方針ではなかったようで、もっと打って出たいというお考えもあったのではないかなと思います。今度は私が社長になったので、戦略を持ちながら、投資するべきところにはしっかりと投資していこうと思っています」

この案件は30件と、かなり多くの申し込みがありました。篠田さんが、選ばれるために強調したのは、「経験」でした。

「コンペ形式だったのですが、最初にトップ面談をさせていただき、そこから10社ぐらいに絞られたようです。プレゼンはかなり意識してやりました。私がパワーポイントで資料を作り、それを見ていただきながら、弊社がどういうところに注力して会社経営に取り組んでいるかをお話ししました。弊社は１９９４年に３名で設立し、その後25年で、現在社員数94

名、売り上げも約10億円まで成長しました。一般的に、社員数50名、売り上げ5億円に経営の壁があると思います。実際弊社も、売り上げ4億円ぐらいのところで伸び悩む時期がありました。それを乗り越え、一段上のステージに上げた経験を、必ず御社にも生かさせていただけると思っています。こんなふうにアピールしました」

篠田さんは、伸び悩みの時期、ある方策を講じ、それを突破しました。

「トップダウンからボトムアップに変えたのが大きかったと思います。一人でマネージメントするのは、どうしても限界があります。社員が多くなり、その限界が来ていたのだと思います。そこで意識改革を行い、各部にそれぞれ事業を任せるようにしたところ、再び会社は成長を始めました。改革しなければ、やはり会社は成長しないと思います。その時期私もたくさん本を読んだり、いろんなセミナーに参加したりして、模索しながらようやく壁を乗り越えることができました。社員のやる気も、それによって大きく変わったと思います」

「特別ボーナス」20万円

しかし篠田さんは、今回買収したT社で、いきなりそうした改革を行うことには慎重です。

「あまり急激に変えることはよろしくないと思っています。社長が代わることは、そこの社員にとっては、それだけで大きな変化です。いきなり改革を行うと、M＆Aによってうちの会社はおかしくなったという不信感を与えかねない。まずはゆっくり信頼関係を作ることから始めたいと思っています。信頼関係ができ、この社長なら大丈夫だと思ってもらえれば、新しいやり方や戦略に応えてくれると思います。だからいまは、急がず考えています。その会社の社員を解雇することも、もちろんありません。特に大きな不安はなく、業績も伸ばしていけると確信しています」

一方で篠田さんは、新しい社員の心をつかむため、こんなことをしました。

「事前にナンバー2の方から、社員のみなさんにM＆Aで社長が代わったことを伝えていただき、その後にみなさんで集まっていただくパーティを開き、自己紹介をさせていただきました。そのとき自分の経歴や会社のビジョンについて話した後、一人20万円ほど特別ボーナスを支給することを伝えました。その会社が設立20年なので、それに掛けました。１０００万円ほどのコストです。これは、弊社でもしょっちゅうやっています。弊社は設立25年だったので、25万円の特別ボーナスを出しています」

篠田さんは、今回のM＆Aの資金は、すべて銀行から借り入れました。それは、資金が不足していたからではありません。

「借り入れに関しては、銀行に相談して、内諾を得ていました。自己資金でも全額賄うことはできましたが、いまは金利が安いので、どんどん借り入れをして投資をすることにより、一番効率よく収益をあげられるのではないかと思っています。銀行も私の方針に好意的で、是非やったほうがいいとアドバイスをいただきました。銀行もいろいろM&Aを扱っていて、その経験から、いまIT企業は本当に人気があり、価格も高騰しているため、5億だと競り負ける、7億ぐらいになるのではと予想されました。そして、そのぐらいまで貸せるというお話もいただきました。しかし私は買収金額が高すぎて投資額が回収できないといった失敗事例があることを学んでいたので、5年で回収できる金額を上限として決めておき、それを超えたら諦めようと思っていました。その結果、何とか私が考えていた範囲で収まり、約4億で決まりました」

「これはやめよう」と断念した実例

今回買収した会社のほか、篠田さんはトランビを介し、2〜3件の売り主と連絡を取ったことがあります。

「電子タバコを製造・販売している会社に問い合わせをしたことがあります。東京都は条例が制定され、従業員のいる飲食店では原則としてタバコが吸えなくなります。そうなると、電子タバコの需要が伸びるのではないかと思ったんです。電子タバコは、ニコチンが入っていないのに、味わいはいろんな銘柄のものがあります。飲食店に売り込めば、結構いけるんじゃないかと思ったんです。私はタバコを吸わないので、タバコを吸う仲間に実際に吸って試してもらい感想を聞きました。でも、彼が言うには、『これでは、タバコを吸った気にならない』。それで考え直しました」

電子タバコの会社は、成約には至りませんでしたが、篠田さんがM&Aを考えているのは、事業が自社に近いものだけではありません。

「以前からずっと興味があるのは、ホテルと旅館です。実際、何回か問い合わせもしています。これは私がまだ40代ということとも関連しますが、ＩＴエンジニアという仕事が、一体何歳までできるのだろうという思いがあります。法改正によって、企業には65歳までの雇用が義務付けられるようになりました。おそらくその年齢まで、現場でエンジニアをするのは厳しいのではないか。社員のうち少数の人間はマネジメントで活躍できると思いますが、全員がそうはならない。そう考えると、ある程度の年齢になっても仕事を続けられる職場を作っておかなければならないと思うんです。これはＩＴ企業全般に言えることですが、社員のセカンドキャリアを考えることは、どうしても必要だと思います。先日、トランビに出ていた飛騨高山の旅館を見に行きました。向こうは本当に観光客が多く、ホテルの建設ラッシュでした。こういうところに旅館を持てればいいなと思いましたが、価格が想定よりかなり高かったので、今回は見送らせていただきました」

企業勤めの経験を生かせる

このように篠田さんの他業種への興味は尽きることはありません。

「トランビは自宅でも、しょっちゅう見ます。見ているとヒントがもらえ、いろいろ発想が浮かぶので、とても楽しいです。もしこの会社を自分が買ったらどうするだろうと想像するんです。事業のことを考えるのが好きなので、友達と飲みに行っても、そんな話ばかりしています」

Ｍ＆Ａを考えている人へのアドバイスとして、専門家をつけることは、やはり大事だと篠田さんは言います。

「アドバイザーとして、専門の公認会計士に、Ｍ＆Ａに強い弁護士を紹介していただきました。とても優秀な方々で、心強かったです。専門的な方は、やはり重要だと思いました。ただこれは、私のM＆Aに対する取り組み方もあると思います。会社によっては、社内である程度オープンにしながら、取り組むところもあると思います。でも、弊社では、社員は本業に専心してもらい、M＆Aは社長の私一人で取り組みます。こういう大きなことを一人で行うと、やはり不安や迷いが生じます。そんなとき、相談でき、判断できるようにしてくれるのは、専門家でした。ここ5年ほど、いろいろM＆Aの本を読んだり、サイトを見たりしましたが、そこで得られる知識は、表面的でしかなかったことを痛感しています。実際に取り組んだら、知らないことやわかっていないことばかりでした」

何事も一人で判断すると、独善的になりやすいものです。専門家に頼むと、費用がかかりますが、その知識には確かなものがあります。M＆Aの規模にもよりますが、局面によっては、専門家に頼ることも必要だと思います。

この章で紹介した「買い手」の方たちは、会社の現状がどうあれ、みなさん非常に意欲的に、夢をもって事業に取り組んでおられます。ご自身の興味のあるジャンルで、その経営者として、全力で事業に取り組むことがこんなに素晴らしいことなのだと感じさせてくれます。

もちろんサラリーマンでなければできない経験もありますし、大きなプロジェクトを動かす喜びはあります。そうした企業での経験や人脈を生かして、自分なりの事業に、今度は自分が主役として取り組むのは、やはり夢がある話だと私は思います。

第４章　「会社を買う」ときに気をつけること

M&A失敗10の実例

この章では、会社や事業を買う際に気をつけるべきことをまとめたいと思います。トランビを通じて成約に至ったM&Aのなかでも、前のオーナーさんとの引き継ぎ期間中に仲違いしてしまったり、重要な取引先を失ってしまったりというケースがあるのも事実です。

ここではあえてそういった失敗事例をご紹介いたします。M&A専門家の方々から聞いた、トランビ以外での失敗事例も含めてご紹介いたします。

M&Aには大きなチャンスがある一方、大きなリスクを伴う瞬間でもあります。多くの失敗事例を参照することからリスクを把握する力を高め、良いM&Aを実施できるようにしていただきたいと思います。

①会社を辞められなかった

サラリーマンの方が起業・独立のために事業を購入されたものの、現在の勤務先に退職したいと切り出したところ、辞表を受け取ってもらえなかったという話をよく耳にします。

退職して、夫婦でエステ事業を運営していく予定が、夫のほうが会社に強く引き留められ、退職を断念し、あまり事業に携わることができなくなってしまった、というようなケースです。

エステ事業を始めると決めたときは、主に夫が事業をまわし、妻は手伝い程度を想定していたのですが、夫が退職できなかったため、やむなく妻がほぼ一手にエステ事業を引き受けるようになり、負担が過剰になってしまったのです。

結局わずか半年程度で妻が音を上げ、夫妻はエステ事業を売り出すことを余儀なくされました。

②引き継ぎで失敗して、取引先を失った

引き継ぎの際の手違いから、事業購入後すぐに当初の目的をふいにしてしまった方もいます。

中古衣料を販売する会社が、後継者不在のため買い手を探していました。

衣服の縫製を手掛ける会社が買収に名乗りをあげ、M＆Aが成立しました。販売と縫製の違いはあっても、同じ衣料品を扱う業種ということで、シナジーがあると考えられたのでしよう。

その主な狙いは、事業エリアの拡大、および中古衣料など商品を拡充すること、そしてもっとも大きな狙いは販売会社の持つ特定業者への販売ルートを手に入れることでした。

ところが、M&Aが成立したあとの事業引き継ぎの際、肝心のこの特定業者への挨拶や連絡を十分に行わなかったために、この会社との取引を失ってしまったのです。

引き継ぎの際の取引先への連絡は非常に重要です。

別のあるプログラミング教室では事業主が男性から女性に代わっただけでそれまで通っていた生徒の親御さんからの強い反発があり、生徒数が半減したケースなどもありました。

事業を引き継いだあとの、取引先には非常に丁寧に挨拶・報告する必要があります。

③がんばりすぎて社員が離反

サラリーマン出身の方がサービス業の会社を購入したケースをご紹介します。

この方は引き継ぎ前に中期経営計画を立てるなど、事業への熱意に溢れていました。

しかし、目標とした数字の達成を優先させるあまり、数人いた社員に無理な労働を強いてしまい、社長として孤立してしまったそうです。

その結果、事業引き継ぎ中にもかかわらず、廃業の危機に直面してしまいました。現場や現実に即した柔軟な対応ができず、スタートでつまずいてしまったわけです。

しかしこの方はなんとか危機を乗り越え、苦い教訓を活かして、その後の会社経営に邁進《まいしん》されています。

④予定していた融資がおりなかった

買い手は金融機関からの融資で買収資金を工面するつもりで買い取り交渉を進めたものの、審査の結果、金融機関から融資を受けることができず、M&Aが破談になるということもよくあるケースです。

ある介護関連事業の運営会社が、銀行からの融資で買収資金を調達する算段で、同業の介護関連会社に買い取り交渉を申し込みました。

同業種ということもあり、トントン拍子で話が進み、金額面の条件だけを残すのみとなりました。そこで買い手は銀行に買収資金の融資の相談に行きましたが、審査で融資NGと言われてしまったのです。理由は買収対象の会社についての財務的な観点や、買い手の会社の規模からして融資金額がやや大きかったことなどだったようです。結局、M&Aを成立させることができず、交渉が流れてしまう結果となりました。

金融機関からの融資を買収資金にあて、M&Aをする場合は、事前に事業承継やM&A向けの融資等を行っているかの確認をしておくと良いでしょう。また、融資の可否は買い手の会社の借り入れ枠や、買収対象会社の内容にもよるため、どういった条件のM&Aであればどのくらい借り入れることができるのかあらかじめ確認しておくとよいでしょう。

⑤個人保証を外せなかった

多くの経営者は会社が金融機関からおカネを借りる際に、社長個人の連帯保証を求められています。この個人保証を買い手に引き受けてもらえることが、会社売却の大きな目的のひとつとなります。しかし、個人保証は金融機関の同意なくしては変更できません。

売り手と買い手が会社や事業の譲渡に同意したとしても、個人保証の変更に金融機関が同意しないこともありえます。

個人保証の解除もしくは変更が事業譲渡の契約内容に含まれている場合、金融機関が同意することをもって契約が履行されることになります。

⑥情報が漏洩してしまった

Ｍ＆Ａにおいて秘密保持はもっとも重要で、基本中の基本と言えるものです。売り手から会社の買い取りのために各種の情報を入手する買い手としては、必要のない人以外に情報が伝わることのないように十分に注意しなければなりません。

小売店の買い取りを希望されている方が、実際の店舗の視察に行った際、そこで働く従業員の方についうっかり、「仮にオーナーが変わっても働きつづけるつもりがありますか？」と聞いてしまい、事業の引き継ぎを計画していることが従業員にバレてしまったというケースがあります。当然、それまで友好的に進んでいた引き継ぎ話はご破算になってしまいました。

また、Ｍ＆Ａの交渉中に買い取り候補の会社について自社の従業員に相談してしまい、そこから情報が漏れて、売り手の会社の社長が聞き及ぶところとなり、破談となったケースもあります。

情報はどこでどのように伝わるかわかりませんので、たとえ、社内の人間であっても本当に必要で秘密保持義務を果たせる人にしか情報を開示しないことを徹底しましょう。当然ながら、共同経営者や外部のアドバイザー、コンサルタントなどがＭ＆Ａに携わる場合も、事前に情報開示者と秘密保持契約を締結しておくことをお勧めします。

⑦基本合意後に値下げ要求しすぎて売り手に嫌われた

あるシステム開発会社の事例では、基本合意をしたあとに、大幅な値下げ交渉をして、交渉が破談寸前になりました。

交渉開始当初、売り手の譲渡希望金額は5000万円で、買い手ともその前提で話が進んでいました。交渉が進み、約3ヵ月程度で、基本合意契約を締結するに至りました。

基本合意契約締結後、非常にシビアにデューデリジェンスを実施した結果、買い手は新たに2500万円という金額を売り手に提示しました。

従業員の退職金の引き当てを計上していなかったなど売り手側の落ち度があったものの、売り手は強く反発しました。交渉決裂の寸前で、間に入っているアドバイザーの熱心な説得により、なんとか成立したそうですが、説得に2ヵ月以上の時間と労力を要したうえ、買収後の引き継ぎにも感情的なしこりが残る形となってしまいました。

買い手からすれば、できるだけ安く引き継ぎたいと考えるのは当然ですが、あまりに金額交渉に力を入れすぎると本来の目的を見失うこともあります。デューデリジェンスは必ずやっていただきたい事項の一つで、手を抜く必要はありませんが、あまりに重箱の隅をつついてあらを探し出すようなことになるとその後にも得策でないケースも多くあります。譲渡金額や従業員の処遇等の条件は特に売り手にとってデリケートな部分になりますので、過度な要求は避けるよう心掛けましょう。

これは売り手側のケースですが、あまりに多くの買い手から交渉の申し込みがあったため、当初1000万円と提示していた売却価格を1500万円に釣り上げたところ、不信を買い、買い手が一斉に引いてしまったということもあります。

⑧売り手から提示された資料が事実と違った（デューデリジェンス不足）

事業運営上、重要な事項が買収前に把握していた情報と違った――これも非常によくある失敗事例です。

ある電子部品商社では、売り手から引き継いだ在庫の一部が故障していて、買収後に想定外の仕入れコストがかかってしまいました。

また、食品を扱う企業では、使用している機器の保守メンテナンスの契約が存在するものとして引き継いだにもかかわらず、実際には存在しなかったのです。想像以上にコストが発生してしまったため、オーナーはすぐに買った会社を手放すことになりました。

買い手は売り手から提出された資料等をもとに買収対象の会社を判断することになりますが、その裏付けを取りつつ、事業の価値やリスクの検証を行うのがデューデリジェンスです。その際、可能な限り専門家を利用することが望ましいでしょう。

それ以外にも、買収対象の会社のオーナーと必ず一度は面談する、オフィスや施設がある場合は実際に訪問して確認するなど、手間を惜しまず自分の目で、耳で実際に確認することがポイントです。

⑨隠れ負債があった

買収前やデューデリジェンスで発見できなかった借金などが買収後に発覚するケースで、株式譲渡のM&Aでは特に注意が必要です。

決算書や帳簿上には載っていないような債務（いわゆる簿外債務）や、買収の段階では支払うことが確定していなかった債務が、のちに顕在化するもの（偶発債務）などがこれにあたります。

例としては、オーナー個人が会社名義で借り入れをしていたり、会社名義で保証人になっていたりすることなどがあります。デューデリジェンスを行う際にあらかじめその点についても確認をしておくとよいでしょう。

一般論で申し上げると、株式譲渡ではなく、事業譲渡にすることによってこういったリスクを大きく軽減することができます。借り入れの名義人や保証人は通常、法人単位なので、法人そのものを引き継がず、事業だけを切り出して買収することでリスクを低減することができるのです。詳細についてはＭ＆Ａに詳しい弁護士に相談することをお勧めします。

⑩引き継ぎ期間が終了できなかった

最終契約書に調印し、事業の買収が決まったからと言って安心してはいけません。事業の引き継ぎはそこからが本番です。

ある製造業の事例では、最終契約締結後の引き継ぎ期間に、買い手の会社の社長が、買収対象会社の新しいオーナーとして社長に就任しました。

新しいオーナーとして張り切るあまり、引き継ぎの最初から親会社のやり方に倣った新しい仕組みの導入や、新しいシステム、人事制度などの導入を試みました。買い手としては少しでも会社を良くしたいという一心でしたが、これが元のオーナーと従業員の大きな反発を招いてしまいました。そのため、当初の計画より大幅に引き継ぎが遅れ、社員にも退職者が出る結果となってしまいました。

買収直後、買われた会社のオーナー、従業員は「この先会社はどうなるんだろうか」と非常にデリケートになっているものです。そこでいままでのやり方を大きく変えてしまったり、親会社の仕組みをそのまま持ち込むなど、急進的に改革を進めると、不安を煽る結果になり、反発を招くことも多いのです。

買収直後の「やってやるぞ」という気持ちもわかりますし、気になる点は多くあるかとは思いますが、従業員の離反や取引先を失ってしまうことで事業が立ち行かなくなってしまっては元も子もありません。引き継ぎが完了するまでは以前の会社にあるものをなるべくそのまま活かすという心構えが必要になるでしょう。

クリティカルなものでなければ、引き継ぎ期間中は大きな変更を行わないということを意識してください。

こういうことが起きないように、あらかじめよく準備したり、対策を考えたりしておくことが大事です。そのためには、「会社を買う」ことの本来の目的を明確にすることがとても重要なのです。

まず、前提として、事業を買うのは不動産や貴金属を買うのとはまるで意味が違うということをご理解いただきたいと思います。同じように数百万、数千万円のおカネを投資するにしても、金融商品を買うのともまったく違います。

買った会社が、自動的にキャッシュを生み出してくれるようなイメージを持つ人もいるかもしれませんが、それは大きな間違いです。「会社」という装置が、まるでキャッシュディスペンサーのようにちゃりんちゃりんとおカネを産んでくれるというイメージを持つのはやめてほしいと思います。

この本では会社や事業を買ったあと、ご自身でその事業のなかに飛び込んで経営されるということを想定しています。会社経営にはリスクが付き物で、特に中小企業は体力が弱く、一つの失敗でも経営が揺らいでしまうこともあり得ます。収益をあげる機械ではなく、会社に愛着を持って経営に当たるという思いがないとうまくいかない、と私は考えています。

「会社を買う」プロセス

会社や事業を「買う」際の大筋の流れを見ていきましょう。
本書で考える流れは、

Ⅰ　妄想をする
Ⅱ　交渉をする
Ⅲ　引き継ぎをする

の3つです。では、各プロセスで具体的にどういったことを行うのかを順に見ていきたいと思います。

Ⅰ　妄想をする

会社を買うプロセスの最初が「妄想をする」というので驚かれた方もいらっしゃるのではないでしょうか。

一見、妄想をすることと会社を買うことはすぐに結びつかないように思えますが、妄想することが、自分に合った会社を探すことの第一歩になるのです。

まずはじめに、どういう会社を買うべきか、イメージを膨ませることです。それには、会社を買う目的が何か、ということが考えのスタートになります。たとえば私は山登りと映画鑑賞が趣味ですが、山登りのための装備やリュックを売る店を経営することには、特に関心がありません。山を登ること自体が楽しいのであって、装備を売ることにはそれほど興味を持てないからです。自分の好きなことを仕事にするのは楽しいですが、うまくいかないと息抜きをするのが難しく、逃げ道がなくなってしまうという面もあります。

一方でコーヒーが大好きだという人が、コーヒー店や、コーヒー豆を扱う事業を手がけてみたいというケースもあります。心からコーヒーが好きで、寝食を忘れ情熱を持って取り組むことは素晴らしいと思います。たとえそれが大きな収入に繋がらなくても、やること自体に価値があると思われる方もいるでしょう。

このように、会社を買ってみようと思った場合、そこにはその人なりの理由があるはずです。

その事業で収益を上げたいのか。

社会貢献をしたいのか。

自分の好きなことを、とことん突き詰めたいのか。

将来のために経験を積みたいのか。

まずそれをハッキリさせたうえで、どの会社を買うか、ターゲットを絞ってください。

また、同じように「会社を買う」といっても、買う対象が個人事業なのか、法人なのかで大きく違います。

個人事業の売り手が年間の収益として「800万円」と申告していても、その場合の収益は事業主個人の収入ということです。

一方、法人組織であれば、あらかじめ社長、役員の給与を経費として計上しています。そのうえで年間800万円の利益がある場合、その利益は手元に残るおカネです。まずはそこに気をつけてもらいたいと思います。

800万円の利益がある個人事業を買っても、年間800万円を払って人を雇えば利益はゼロということになるのです。

トランビには、実際に売却を希望されている案件が掲載されています。それを見ながら、仮に自分がその会社や事業を引き継いだ場合、どのように成長させていくことができるかを考えてみてください。

現在会社勤めのサラリーマンの方であれば、いままでのキャリアでご自身が培ってきたスキルや経験を、買った会社や事業にどう活かすことができるか、想像してみてください。ひょっとしたらご自身だけではなく、家族やその他の人脈の中などに事業の成長を助けるリソースがあるかもしれません。

すでにご自身で事業を行われている方であれば、既存事業とのシナジーによる売り上げの向上が期待できます。また、共通部門や取引先の一元化によるコスト削減なども考えられます。

自分がその会社や事業を引き継いだ際に、どのような事業展開が考えられるかを妄想することは、実は、新しい経営戦略を考えることそのものなのです。

経営戦略を考える、というと何か専門的で非常に難しいことのように感じられます。確かに、何もアイデアや実績がないなかで、ゼロから経営戦略を立案するのは骨の折れる作業かもしれません。

しかし、トランビには具体的な事業や企業がビジネスモデル付きで掲載されています。さらに掲載されている案件は、すでに運営実績があり、事業性の検証も行われているものばかりです。

その具体的な案件を妄想の出発点として、自分が引き継いだらどうなるだろう？　何ができるだろう？　と大いに妄想をして、経営戦略の磨き上げを進めてみてください。はじめはそれでも思うように妄想が進まないこともあるかもしれませんが、案件を見る、妄想をする、というトレーニングを繰り返すことで自身のレベルがあがり、ビジネスアイデアがだんだんと湧くようになってきます。そのことが会社や事業を譲り受けたあとの事業展開の可能性を大きく広げることにもなるのです。妄想も良いことばかりではなく、悪いことも含めて考える必要がありますから時間もかかりますが、掲載されている案件情報とにらめっこし、楽しみながら、妄想を膨らませていただきたいと思います。

妄想することに慣れ、アイデアが多く浮かぶようになってきたら、いったんその妄想を「寝かせる」ことも大切です。あるときは発想を大きく広げ、アイデアを出せるだけ出してみる。ある程度アイデアを出したら、いったん時間を置いて、翌日や3日後などに再度そのアイデアを検証する作業をすることをお勧めします。

そうすることで浮かんだアイデアの甘い部分が見えたり、違う着眼点から別の新しいアイデアが浮かんだりすることがあります。その繰り返しが、妄想をさらに一段階レベルの高いものに洗練させることに繋がります。

Ⅱ　交渉する

妄想を繰り返していくなかで、自分のなかでこれはいけそうだ、チャレンジしてみたいと思える案件が出てきたら、いよいよ交渉のスタートです。

交渉は大きく以下の三つのフェーズに分かれます。

①交渉スタートから秘密保持契約（ＮＤＡ）締結まで
②実名での情報交換と条件交渉（基本合意の締結まで）
③成約に向けた最終交渉（デューデリジェンス・契約締結・クロージング）

①交渉スタートから秘密保持契約締結（ＮＤＡ）まで

交渉のスタートは通例、売り手側も買い手側も匿名の状態での情報交換からスタートします。ノンネームシートと呼ばれる売却対象の会社や事業のおおよその地域、事業内容、特徴、譲渡希望金額などを記載した書面を売り手側から買い手側へ伝達します。マッチングサイト等を使わない場合は、仲介会社やアドバイザリー会社などがノンネームシートを買い手に提供します。

第2章でまとめたように、ネット上でのM&A交渉は、買い手の連絡から始まります。トランビでは掲載されている案件がノンネームシートにあたります。

なお、この匿名段階での情報交換は売り手側、買い手側ともに、名前や属性、会社名が特定できるような固有の情報はすべて伏せて、簡単な自己紹介、事業の概要など、初期的な情報交換を行います。

情報交換のなかでさらに関心の度合いが高まるケースも多くあるかとは思いますが、この段階であまり多くのことを聞きすぎてしまうと、売り手側から「秘密保持契約締結前にもかかわらず、無作法だ」と受け取られてしまうかもしれません。ここではお互いの相性や将来の方向性などを確認するにとどめ、詳細な情報は秘密保持契約締結を待ちましょう。

匿名の状態での情報交換で関心が深まり、さらに話を進めたいと判断された場合、秘密保持契約の締結へと進みます。

しっかりと秘密保持契約を締結しておくことで売り手側が情報や資料を提出できる安心感に繋がります。案件を本格的に検討する際、スムーズに話を進めるために、適切に契約締結を行うことが大切です。

②実名での情報交換と条件交渉（基本合意の締結まで）

秘密保持契約を締結したあとは、双方が会社名や事業名を開示して話を進めます。会社案内や決算書、株主名簿、取引先一覧など実際の資料等を開示し、それをベースに基礎情報を交換します。

この段階ではビジネスモデルや事業の特徴、課題の把握、足元の収益性と将来の計画など、事業としての大枠を捉えることを目標としましょう。

デューデリジェンスを実施するかどうかも、大きな判断ポイントとなります。専門家を使ってデューデリジェンスを行う場合、相応の費用がかかりますので、そのメリットがあるかどうか、慎重に判断する必要があります。

デューデリジェンスを実施するのであれば、その際に総勘定元帳などの細部を確認するための詳細な資料を確認します。資料は買い手側から売り手側に請求するのが一般的ですが、売り手側からも買い手側に対して情報開示の依頼が来ることもあります。その準備も合わせてしておくとよいでしょう。

売り手側としても、自社を引き継ぐのがどんな人か、どんな会社なのかは非常に関心度の高い事柄です。

自分がいかに買い手としてふさわしいのかを売り手側にアピールする機会と捉えて丁寧に説明してください。

基礎情報の交換後、もしくはそれと前後して、売り手側と面談します。代理人を通したやり取りや、チャット・書面上のやり取りではなく、売却を考えている方に直接会って、ナマの声を聞くとても大切な機会です。

面談は最低でも必ず1回は行い、必要があれば複数回行うことをお勧めします。

面談ではこれまでのやり取りを踏まえた質問事項、確認事項について、再度確認するとともに、双方の事業にかける思いや、今後の事業展開、運営に関する意見を交換します。

取引の想定金額や想定時期、役職員等の処遇などの諸条件についても、双方の意向をすり合わせておいたほうがよいでしょう。

情報交換及び面談で、会社への理解を深めたあとに、買収に向けた具体的な検討に進みたい場合には、買い手から売り手に意向表明書を提出します。

意向表明書は、買い手の熱意を伝える「ラブレター」のようなものです。

買い手の自己紹介、本件取り組みの目的、スキーム、金額、今後の事業運営の方針、役職員の処遇、取引実行の時期等、各種諸条件を記載します。

意向表明書の記載事項には特段の制限はありません。買い手側の意思に基づいて自由に作成してください。

売り手側は、買い手側から提出された意向表明書の内容を吟味し、交渉を継続するかどうか判断します。交渉継続と判断した場合は、条件交渉に進むことになります。

お互いの希望条件のうち譲るべきは譲り、要求するべき点はしっかり要求して、金額、契約時期等の条件の大枠を固めます。

両者で合意に至った事項は、必要に応じて、基本合意書という形で書面にまとめます。一般的に、基本合意に至った段階で、売り手は交渉相手を一人の買い手に絞り、買い手に一定期間の独占交渉権を与えることになります。

上場企業等の大きな会社のＭ＆Ａではこのように意向表明書提出から基本合意書を締結す

るという流れが通例ですが、小規模M&Aの場合、面談後に意向表明書を提出せずにそのまま「③成約に向けた最終交渉」へと移るケースもあります。

③成約に向けた最終交渉（デューデリジェンス・契約締結・クロージング）

基本合意に至った後は、買い手側による売り手側への最終調査（デューデリジェンス）を実施します。

デューデリジェンスの目的は、まず対象会社や事業に関する理解を深めることです。さらに最終交渉で留意すべき事項の確認、最終契約書に盛り込むべき事項の確認、買収実行後の事業運営における課題等の抽出等を図ることになります。

売り手側に各種資料の開示を依頼し、内容を分析、精査します。疑問点はしっかり質問し、消化するようにしましょう。案件に店舗や工場等がある場合は、売り手の了解を得て必ず一度は現地を確認しておきます。

一口にデューデリジェンスと言っても、財務、税務、法務、ビジネス、環境、不動産など様々な種類があります。財務と法務のデューデリジェンスを基本とし、必要なものを追加するイメージで捉えておくとよいでしょう。

たとえば、工場を運営する企業であれば土壌汚染など環境デューデリジェンスが必要になることがありますし、ウェブサービスを運営する企業であれば、新サービスの法的リスクを洗い出すための法務デューデリジェンスが、不動産管理会社であれば、その会社が管理する不動産のデューデリジェンスが必要になることが考えられます。

各種デューデリジェンスによって新たに判明した内容も踏まえ、最終の条件交渉を行います。

基本合意書の内容を最大限尊重しながら、金額や取引実施時期等を確定させることはもとより、必要に応じて、売り手側、買い手側が負担する義務（誓約、保証、補償等）、他の利害関係者（株主、取締役、従業員、取引先、取引銀行）への対応等に関する取り決め、最終契約締結後の引き継ぎの方法等を交渉、確認します。

条件交渉では、金額で解決できる内容もあれば、できないものもありますが、売り手、買い手双方にとっての重要度・優先順位をしっかりと認識したうえで、誠意ある交渉を行いましょう。

交渉で合意した事項を最終契約書（株式譲渡契約書、事業譲渡契約書等）にまとめます。最終契約書の作成にあたっては、必要に応じて、法務の専門家を利用します。

最終契約書は売り手、買い手の双方の署名と捺印によって、契約締結日に取り交わします。その後、契約締結日に、株式や事業等が売り手から買い手へ移動し、その対価である現金等が買い手から売り手へ支払われ、取引が完了します。

Ⅲ　引き継ぎをする

最終契約締結を終えてようやくM&A成立となり、権利上、会社や事業の買収は終了していますが、実際に経営していくという点ではここからがスタートです。

会社や事業の買収後の統合プロセスのことをポスト・マージャー・インテグレーション（PMI）といいます。

買収後の企業価値の向上を目的として、経営ビジョンや組織体制、ガバナンスから、拠点や組織、評価システムの統合、ITシステムの統合など各種の施策を行います。

M&Aや事業買収は結婚にたとえられることがありますが、夫婦生活の大変さを想像していただければわかりやすいかもしれません。

まったく知らない人が外部から入って社長になったり、まったく違う事業・会社が一つになるわけですから、そう簡単にいくはずがないのも当然です。

大企業同士の場合は「１００日プラン」という、買収後１００日までに行う統合のためのアクションプランを策定しますが、それについての専門的な解説書は多数刊行されていますので、その詳細はここでは割愛します。

簡単に申し上げると、小規模Ｍ＆Ａの買収後の引き継ぎで重要になるのは、私は一にも二にもコミュニケーションであると考えています。

小規模Ｍ＆Ａの場合、オーナーと従業員、オーナーと取引先の関係が近い場合が非常に多くあります。これまでに長く勤めた従業員が体制変更を機に離れてしまうのを防ぐことや、取引先の円滑な引き継ぎのためにも、きちんとしたコミュニケーションをとることが大前提となります。特に引き継ぎ中は、何かを変える期間ではなく、先代の経営をそのまま学ぶ期間ととらえ、経営実態を把握することに努めましょう。

買収後の統合プラン策定やＰＭＩの実務にもそれぞれ専門家がいるので必要に応じて外部の専門家を活用するのも有効でしょう。

小規模Ｍ＆Ａには大きなチャンスがあり、簡単に誰でも参加できる仕組みがあるといっても、買った会社を経営すること自体のハードルが下がったわけではありません。会社経営の難しさには変わりがないので、はじめての方は特に、以下のことを心に留めていただけると、「会社を買う」際の失敗リスクを少しでも減らすことができると思います。

○　失敗することを前提に小さく始める

実際に「会社を買う」場合、多くの買い手はいままでに経験したことのないはじめての事業に挑むことになります。そもそも経営には常に失敗のリスクが伴いますし、うまくいかない可能性もある程度考えていたほうがいいでしょう。

大規模M&Aでは成功率は1～2割と言われ、多くが失敗の歴史です。規模を問わず、M&Aは経営上もっともリスクが高い瞬間とも言えるのです。

「会社を買う」際に特に避けるべきなのは、持てる自己資金をすべて使いきってしまうことです。

買収したあと、追加で資金が必要になることも十分考えられますので、その後経営にいくらまで資金を投じるのか、はじめからそれを見越して買う会社の規模を決めるべきなのです。事業を運営するのに必要な資金はあるのか、買収後の事業計画とも合わせて検討することが必要になります。

もう一つ、M&Aで重要なことがあります。

それは、万一失敗した、すなわち業績不振に陥った後、その会社が取引先や消費者、ステークホルダーに提供しているサービスや製品、役務の供給をストップする場合の悪影響も想定しておくべきです。

出資前に、長期の供給義務契約などの不利契約いわゆる簿外債務がないか、あるいはそれらの契約がなかったとしても、道義的観点で、たとえばその地域に根ざした公益性、公共性の高いサービスなど、あるとき突然そのサービスを休止できるものなのかという視点、観点もぜひ持ち合わせていただきたいと思います。

もちろん、「衝動買い」はもってのほかです。いくつかの候補をじっくり比較して収益等を予測し、「大きな成功に向かって小さく始める」ことが大切です。

特にサラリーマンの方は、まずはオペレーションが確立されているフランチャイズ（FC）の加盟店舗や、現在の仕事を続けたまま副業として運営可能な事業、従業員がいなくても始められる会社などを検討されることをお勧めします。

○　数字を見て経営がイメージできる力をもつ

数字をわからずして、経営・会社の状態はわかりません。

貸借対照表（BS）や損益計算書（PL）、キャッシュフロー計算書（CF）などからある程度会社の財務状況がイメージできないのであれば、「会社を買う」にはまだ早いかもしれません。

従業員の給与をいくらにするか、税金がいくらになるか、そのために手元にいくら資金を残しておくのか、今後想定している新しい取り組みが会社にどのような影響をもたらすのか。そもそも、最初の自分自身の給与はいくらにするつもりなのか考えることも大切です。個人の方がはじめて事業を買う際に自分の給与を計算に入れていなかったという驚くべきケースもありますので数字はよく理解しておきましょう。

会社経営では、財務状況の理解は必須スキルです。会社を買う前段階で少なくとも決算書を理解できるようにしておくことです。

そして、数値をもう少し抽象的に捉え、感覚としてどこに、どれだけ、いつ費用を投下することで、いつごろ、どのような確度で、いくらくらいの売り上げ（収入）が見込めるのか、また、その売り上げを維持・拡大するための戦略的な費用投下は、いつ、どのくらい必要なのか。

万一見込み通りの売り上げが稼得できなかった場合のプランBの対策、さらに、それが不発に終わった場合のプランCなど、経営者としては、先、さらにその先の不測の事態に備えるためのシミュレーションがとても大切だと思います。

○ 会社を買う方法：株式譲渡と事業譲渡の違いを知っておく

会社を買う場合、売り手から会社を譲り受ける方法には主に二つあります。

株式譲渡と、事業譲渡です。

株式譲渡の場合、売り手から保有株式を譲渡され、この対価として金銭を支払います。一方、事業譲渡では、会社を丸ごと譲渡されるわけではなく、必要なヒト・モノ（商品・設備等）・権利（取引先）等を個々に契約で定め、この対価として金銭を支払うことになります。

株式譲渡と事業譲渡の主な違いは、対象となる譲渡の範囲です。

会社に属するすべての事業や資産を譲渡されるのか、契約書記載の特定の事業内容のみに限定されるのかの違いです。なお、法人化されていない個人事業の場合はそもそも株式という概念がありませんので、すべて事業譲渡で契約を進めることになります。

株式譲渡では、会社のすべての権利・義務が移転するため、譲渡を受けた後で隠れた債務が見つかるということもありえます。

そのリスクを避けるためには、公認会計士や弁護士等の専門家によるデューデリジェンス、つまり価値やリスクなどの調査を実行することになります。

株式の譲り受け時には、その会社の過去の財務諸表、子会社がある場合には、その子会社単体の個別財務諸表、投資先の会社がある場合には、その会社の財務諸表も必ずチェックし、財務状況（貸借対照表）と、収益状況（損益計算書）を理解するようにしてください。

また、それらの財務諸表に数値として計上されていない、いわゆる簿外債務の有無もきわめて重要な確認事項となります。

たとえば、一生懸命働いている従業員がサービス残業をしている実態があるため、多額の潜在的な未払い残業代があったり、労働争議、労災、懲戒・懲罰が心配になるほど頻繁に発生していたり、製品やサービスの消費者クレームや訴訟を受けていたりすると、それは将来の会社の価値にとても大きな影響を及ぼし得るきわめて重要な確認事項となります。

一例ですが、株式譲渡契約書において、売り主の表明保証として「説明されている内容以外の重大な簿外債務はないことを保証する」という文言を入れたうえで契約を締結する方法もあります。

事業の譲り受けに際しても、事業の継続に必要な資産、負債の明細を遺漏なく譲渡契約に反映させる必要があり、M&A実務に長けた専門家に確認を依頼することをお勧めします。

○　おカネの支払い方法の選択肢

「会社を買う」には、想いだけではどうにもなりません。会社・事業の購入資金を準備する必要があります。資金の準備、支払い方法などの知識が、「会社を買う」ために前提となります。

金融機関をはじめとした借り入れ相談先（後述）や、譲渡代金の分割払いや収益還元方式など支払い方法の選択肢があることも知っておいてください。

○　M&Aは機密保持に始まり、機密保持に終わる

M&AはNDA（秘密保持契約）に始まり、NDAに終わると言われます。具体的な財務情報のみならず、その会社が売りに出されていること自体、秘匿性がとても高い情報です。他人に漏らさないのはもちろんのこと、友達や家族であっても気楽に口にしていいものではありません。その点には、十分な注意が必要です。

M&Aにあたって相談しても問題ないのは、公認会計士や弁護士など、契約関係がある専

門家だけと理解してください。

適正な「買い値」の決め方

「自分の買いたい会社の正しい価格はいったいいくらなのか」――これは買い手にとって非常に関心の高いテーマかと思いますが、いくらが適正なのかがわからないという方が多いのではないでしょうか。

大企業同士のM&Aでは、買い手が依頼資料リストを作成し、売り手にデータ開示を求めます。買い手は税務申告書や実績の科目明細等を分析し、貸借対照表と損益計算書、必要に応じてキャッシュフローの事業計画（連結、単体）を確認します。それにとどまらず、組織体制、資本構成、ビジネスモデル（強み、弱み、脅威、どのように稼いでいるのか等）、簿外債務の調査などを、社内専門組織もしくは外部専門家を起用して実行している会社が多いようです。

また、類似する事業を行う企業の株価倍率を参考にしたり、事業計画に基づく将来収益の現在価値を割り出す方法などを駆使しながら適正な株価を推定、算定します。

ただし、往々にして、実務上は買い手が希望する株価（株式価値）と、売り手が希望する株価（株式価値）は大きく異なります。この差異を詰めていくためには、前述のようなファイナンス言語を使い、理論・理屈で双方の妥結を目指すプロセスもありますし、売る側、買う側双方の切迫感、熱量によって自然に金額や条件の差異が埋まっていくケースもあります。

最終的な価格は買い手と売り手両者の合意をもとに決定されますので、究極的にはいかなる株価でも成立しえるわけですが、税務リスクや、決算上の影響、外部株主への説明責任などの観点から、最終的な価格には一定程度の合理性・第三者性が求められます。規模の大きなM&Aでは、この株式価値の算定を会計士、税理士などの専門家に依頼し、デューデリジェンスを行って算定することになります。

実際の実務と理論の詳細は専門家に委ねることとして、ここでは代表的な算定方法に簡単に触れるとともに、小規模M&Aの特性を踏まえたポイントをいくつかご紹介いたします。

会社や事業の価値（厳密には企業価値と事業価値は異なる概念ですが、ここでは割愛します）の評価手法は、代表的なものとして①マーケット・アプローチ、②インカム・アプローチ、③コスト・アプローチの大きく三つがあります。

①マーケット・アプローチ＝市場におけるフォーカスした評価手法

代表的なものに、市場での株価を元に評価額を算出する「市場株価法」、類似企業を選定し利益や純資産、株価などの財務指標を参考に評価額を算出する「マルチプル法」、過去の類似取引の売買価額等に基づいて価値を算出する「類似取引法」などがあります。

いずれも、比較対象となる企業の選定が大きなポイントになりますが、小規模M＆Aに適用を試みる場合も集められるデータが上場企業のもののみとなってしまうことが多く、適切な比較対象のデータを集められないこともあるので、留意が必要になります。

②インカム・アプローチ＝「どのくらいの収益があがるか」にフォーカスした評価手法

インカム・アプローチは企業や事業の収益力に着目した評価手法で、生み出される定常的な収益に基づいて算出する「収益還元法」や、配当に基づく「配当還元法」、将来生み出すキャッシュフローを現在価値に割り引いて算出する「DCF（ディスカウントキャッシュフロー）法」などがあります。

このアプローチでは将来の事業計画をベースに算定を行いますので、その事業計画の妥当性が論点となります。小規模M&Aの場合はそもそもきちんとした事業計画が存在しないということも少なくありませんが、そういった場合事業計画の策定から準備が必要となります。

③コスト・アプローチ＝純資産の価値にフォーカスした評価手法

コスト・アプローチは、その企業が持つ資産などを、あらためて揃えた場合いくらかかるかという観点で評価する手法です。

このアプローチの代表的なものに、帳簿上の純資産をベースに評価する「簿価純資産法」、帳簿上の純資産ではなく、然るべき資産及び負債を時価評価に修正したうえで純資産を算出し、それをベースに算定する「時価純資産法」があります。

上記の評価手法を一つだけ用いることもあれば、複数の評価手法を組み合わせたりすることもよくあります。小規模M&Aでは、時価（簿価）純資産に営業権の評価を加える手法なども実務上よく利用されます。

加味される営業権の価値として、経常利益やEBITDA（詳しい説明は省きますが、ごく簡単に言うと、営業利益＋減価償却費に近い数字だと考えてください）の3〜5年分程度を一つの目安とすることも一般的です。

営業権として何年分を計算するかは、やや乱暴に言えば「この先何年間で買収金額を回収したいか」ということになります。これは業種や業界によっても大きく変わってきます。たとえば、流行りすたりのトレンドの変化が早い飲食業界では1～2年というケースもあります。逆に、安定的と言われている不動産業界などでは、10年程度、場合によっては20年に近づくような場合もあります。

また、営業権の価値の算定方法として、現在の実績ベースの経常利益やＥＢＩＴＤＡなどを活用する方法以外にも、将来生み出されると考えられる収益などを使うこともできます。

将来生み出される価値をどのように見いだせるか、つまり、事業を引き継いだ後のシナジーをいかに想像することができるかが、価格算定上の大きなポイントになります。

トランビなどのＭ＆Ａプラットフォームを使うと、一つの売り案件に対し多くの買い手が集まり、競合することもよくあります。その際に同様の算定方法を用いた場合、表面上は同じ価値ということになりますが、買い取り後の事業上のシナジー（価値）をより多く見いだせれば、その分良い金額を合理的に提示することが可能になり、競合している買い手との差別化につなげることができるのです。

資金手当てと金融機関

もうひとつ、多くの方にとって気になるのは買い取りのための資金をどのように準備するかということだと思います。退職金など、潤沢な手元資金がある方であれば問題ないかもしれませんが、そうでない方は何らかの方法で資金の手当てをする必要があります。

主な資金の手当ての方法としては、①金融機関以外からの調達、②日本政策金融公庫の活用、③銀行・信用金庫、信用組合の利用、があります。

金融機関以外からの調達は、知人や親族からの出資や借り入れなどがこれにあたります。自分と親しい関係を持つ人からおカネを工面してもらうことに抵抗感を持つ人が多いかもしれませんが、そこは発想の転換が必要です。

これから自分が会社や事業を買って社長になり、ビジネスを展開していくことは、赤の他人にサービスを提供し、納得してもらい、おカネを払ってもらうということです。自分のことをよく知っている人たちでさえ納得させられないような引き継ぎのプランや事業の計画では、お客さんにサービスを提供し、対価を得ることは難しいでしょう。

知人や親族から資金は出してもらえずとも、少なくとも事業計画に妥当性があると納得はしてもらえる計画を作るべきです。

他の人に事業計画の説明をするうち、いままで見つからなかった新しい発見や視座がもたらされることはよくあります。資金の調達のための説明は、引き継ぐ会社の新社長として、自社のプレゼンテーションをするという仕事のスタートなのです。

二つ目は、日本政策金融公庫の活用です。

政府系の金融機関で、中小企業向けの調達の支援等を行う株式会社日本政策金融公庫では、「事業承継・集約・活性化支援資金」という低金利融資制度を用いて、事業や会社の買い取りの際の支援を行っています。

この制度の活用には一定の条件がありますが、特徴としては、制度融資限度額が7億2000万円と大きいこと、通常融資の際の基準利率を下回る特別利率にて融資を受けられることがあげられます。担保設定や個人保証の有無などは個別のケースごとに相談することになっています。申し込みは日本政策金融公庫の各支店の中小企業事業の窓口で受け付けています。

それ以外に、銀行、信用金庫、信用組合の利用も考えられます。地域の金融機関は、地域の会社や事業の廃業を防ぐために、事業承継のための資金の融通に力を入れているところも多くあります。

たとえば、東京に本店をもつ第一勧業信用組合など数社が共同で２０１９年に「かんしん事業承継支援ファンド」という中小企業の事業承継に特化したファンドを設立しています。

このファンドは事業承継に悩む会社のオーナーやその取引先から、その会社の株式を一時的に引き受けることで、事業承継支援をすることを目的にしています。

引き継ぐ会社の事業性や、後継者個人の資質などを評価されますが、うまくいけば、会社の買い取り資金面ではファンドから支援してもらい、個人が後継者として社長になって会社を引き継ぐことができます。その後、後継者として事業を成長させれば、将来的にファンドから株式を買い戻せる可能性もあります。

また、ファンド以外にも特に信用金庫や信用組合は最近、事業承継してくれる個人や企業探しに熱心に取り組んでいます。

とくに事業承継の場合、高齢の「先代」から事業を受け継いだ経営者に可能性を感じて融資を決断するというケースも多いようです。一定の条件を満たせば、信用保証協会からの支援を受けられることもありますので、こちらも検討してみてください。

金融機関と接するとき窓口になった担当者の熱意も重要です。

事業への思いや可能性を共有することが担当者の熱心な取り組みにつながり、上司や支店長を説得して、融資に漕ぎつけてくれることもあります。資金を調達する審査の段階では、引き継ぐ会社や事業の状況や将来性、あなた自身の新社長としての資質や手腕などがチェックを受ける事項になります。

第三者的に見て、資金を手当てするに足る会社や事業であることを説明できるように会社の定款、登記簿謄本、株主名簿会社案内などの基礎資料や、白色申告の収支内訳書、青色申告決算書、試算表、決算書、附属明細表などの財務資料、事業計画等を準備しておくことが肝要です。

前オーナーとのその後

売り手は、たとえ提示額が低くても、その事業に熱意があって、自分に敬意を払ってくれる人に売ろうと思うものです。

中小規模のM&Aの場合、事業を売ったあとも売り手は同じ地域に住んでいるケースがほとんどですから、従業員と駅前で顔を合わせたり、スーパーで会ったりします。売り手は、自分の始めた事業がその後どうなったか、従業員は幸せにしているか、顧客からの信頼を失っていないか、気になるものです。

当然、「信頼できない」と思える人に譲るはずがありません。

売り手は、売却後の周囲の評判も気にしています。日本では、事業を売るということ自体にマイナスイメージを持っている方もまだまだ多いですし、同じ地域で周囲から「なんであんな人に売ったのか」と批判されることを恐れています。

たとえば、その街の多くのみなさんから愛され、長年営業してきたパン屋さんを事業譲渡された場合、前オーナーも時折立ち寄って、店が以前と変わらないか、街の人から愛されているか、確かめたいと思うはずです。自分は年をとって引退するけれども、長年自分が育ててきた店と顧客を守ってほしいというのが、前オーナーの最大の願いなのです。

そうでなければ、前オーナーは知人やかつてのお得意さんから、「あの店、すっかり変わってしまったね」と必ず言われるはずです。

そんなことになるくらいなら、事業を売ること自体をやめてお店をたたんでしまおうと考える方もいます。買い手は、売り手のそうした心理をよく考え、理解したうえで交渉に臨んでいただきたいと思います。

前社長の悪口はご法度！

絶対に避けてほしいのは、「前社長の批判をすること」です。

中小企業の経営者と従業員の間には強い精神的な繋がりがあります。どれほど丁寧に説明したとしても、前社長を批判すれば必ず感情的な反発があります。せっかく会社を買収したのに、肝心の従業員が反発していっせいに退職してしまえば、事業は成り立ちません。

中小企業は従業員の数が少ない分、結びつきが強く、前社長との関係も濃密です。いきなり社長が交代したと言われても納得できず、これまで長く勤めた従業員が去るということもよくあるケースです。

なかにはその従業員が会社全体のキーマンというケースもあり、その人に去られては会社全体の死活問題です。10人しかいない従業員のうちの3人が会社を辞めるとなったら、それも大問題です。

事業承継の際、従業員を辞めさせないということを契約書に書きたいくらいですが、それはできません。従業員一人ひとりに職業選択の自由があり、契約でそれを縛ることができないからです。

問題は「最初の100日」で発生する

新しく入ってきた社長が自分のやり方を押し付けても、絶対にうまくいきません。

中小企業の引き継ぎに必要な期間はだいたい100日程度だと思いますが、この間は何も変えずそのまま、前社長のやり方を受け入れてほしいと思います。

前社長にはそのまま、社長の席でいつも通りに仕事をしてもらって、新社長はその斜め後ろから、勉強させていただくという姿勢で仕事ぶりを見させてもらうのがいいでしょう。前社長のやり方を変えることで、社員が自分のやり方を否定されたと取ることもありえますので、特に注意が必要です。

また、取引先に挨拶に行くときは必ず前社長に同行してもらい、前社長に紹介してもらうことで、取引先も安心します。

特に大口の取引先がある場合、必ず挨拶に足を運んでください。

数百万円、数千万円出して会社を買ったのだから、とすぐに自分の好きなように会社を変えようとしても、うまくいきません。

M&Aは会社譲渡の契約が完了して終わりではなく、100日間の引き継ぎが終わってはじめて完了だと思っていただきたいのです。

社員とのコミュニケーション

新しく社長となった場合、従業員の信頼を得るためのコミュニケーションを怠ってはいけません。

第3章で紹介した篠田さんは、会社を買収したあと、自ら新社長として社員の前で挨拶し、その際、「今後どうやってこの会社の業績を伸ばすか」というビジョンを具体的に説明しました。システム開発会社として、いままで請け負っていた仕事の範囲を広げ、利益率を上げる構想を示し、そのうえで、特別ボーナスとして一人20万円を支給するということも伝えています。

さらに篠田さんは、事前に「キーマン」となるナンバー2の取締役とコミュニケーションをとり、会食もして、社内の事情の聞き取りと、意思疎通を図っています。

また、豆乳スイーツの島原さんは、福岡市にアパートを借りて住み、社長自ら工場でガトーショコラ作りに参加していると語っていました。社員は当然、社長のそうした姿勢を見ていますから、島原さんの取り組みは非常に有効だったと思います。

たくさんの社員がいる組織であれば、仮に数人が辞めたとしても誰かがその穴をカバーすることができるし、社長との結びつきも薄く、新しい社長の下でも自分の仕事を淡々と仕事を遂行することもできるでしょう。

しかし、小規模の会社では従業員は気に入らないことがあればすぐに辞めてしまいます。会社への影響も大きいので特に注意が必要です。

買うこと自体を目的にしない

新たに経営者となった事業について、金銭的な負担を負うことのみで事業がいままでどおりに順調に維持・拡大することは、よほどの成長産業で参入障壁も高く、かつ既得権益に守られているという案件でない限り、まずありえません。

トランビに掲載されている案件のビジネスモデルなどを参考にしていただきながらも、あなたの趣味や友人、習い事など、会社、取引先で築いた人的ネットワーク、あなた自身の得意分野、興味関心のある分野などをあらためて頭の中で広げ、整理し、それらを対象となる会社や事業と組み合わせることでどのようにシナジー（相乗効果）が生み出せるのか、大いに悩み、想像し、妄想してください。

この思考のトレーニングこそ、起業家、起業家的発想を生み出す源泉ですし、もっとも重要、かつ経営でもっともエキサイティングなプロセスだと思います。

巷には経営戦略やビジネスモデル、問題解決アプローチなど、多くの経営読本や論文が溢れています。それらの本や論文は、経営課題を科学的に解釈し、理論的に分析することで広く汎用的な解を見出すことを試みています。

しかし、これからの経営、とりわけ個人事業や中小企業は、そのような理論的に正しそうに見える「解」や「型」ではなく、いままで誰も想像すらしなかったような、「個と個の融合」だったり、「ストーリーとストーリーの融合」、「自由な発想」、「プライベートネットワーク同士のつながり」などの、「めぐり逢い」によって変革がもたらされるのだと思います。

買おうとしている会社と、あなたのネットワーク、経験、得意分野、趣味、パーソナリティなどすべてが融合することで、価格競争力や機能性という古典的な価値にとどまらない、直感的で情緒的、消費者感情に訴えかけるストーリーやサービス、製品が生まれるのです。

数字経営を学ぶ

経営者は、経営を数字で理解することが必要とされます。人件費をこのくらい絞ったらこのくらいの営業利益があがるとか、経費を抑えて月次のキャッシュフローとのバランスをとるとか、ある数字を動かしたら別の数字がこう動くということがすぐに判断できなければなりません。

しかし、自社の財務諸表を見る立場にないサラリーマンの方に加え、中小企業の経営者でも財務諸表をあまり見たことがないという方が意外に多いのが実情です。M＆Aの交渉では、数字により事業を理解する力が必要になります。

上場企業であれば貸借対照表や損益計算書は公表されていて誰にでも見ることができますから、できるだけこれらの数字を理解するよう努めていただきたいと思います。

簿記は数字経営の基礎ですから、できれば簿記3級くらいは取得しておくのがよいと思います。新しいビジネスのアイデアはもちろん重要ですが、それに加えて数字経営についても、ぜひ精通していただきたいと思います。

専門家を上手に活用する

自分ひとりで売り手と交渉し、M＆Aを進め、会社を買うことも、もちろんできます。

ただし、対象会社の業績や子会社、関連会社、投資先の財務状況や、労働債務などの簿外債務等、企業の価値に大きく影響を及ぼし得る事項の調査・分析については、専門家をうまく活用することをお勧めします。

相手方との交渉を含め、M&Aのすべての手続きをひとりでやりきるには相応の負荷が見込まれますし、買いたい会社の規模が大きくなればなるほど、案件や交渉の複雑性は増す傾向にあり、M&Aの対応に取られる時間や金額の算定、デューデリジェンス、契約締結など必要となる専門知識の量と幅が増していきます。

少額案件であっても、はじめてM&Aに臨む方は特に専門家のサポートを受けることをお勧めします。

M&Aのリスクがある程度理解できる方であれば、デューデリジェンスや契約書の作成など必要部分のみ専門家を活用することでコストを抑えつつ、M&Aを進めることも可能です。

適切な専門家を選ぶことは、実は適切な案件を選ぶのと同じぐらい重要です。

第5章　なぜ「会社を買える」仕組みを作ったのか

高度成長期の会社が「廃業期」に

昔は、会社と家族の関係が近く、事業は家族で守るものだという意識がありました。私が父から継いだアスク工業も、高橋家で守るものという意識があったと思います。父、母、弟、そして私……。そういう家族の人たちで、何とか会社を守って良い形で残していこうという雰囲気が確かにありました。

会社の借金の保証は社長個人が行い、社長の妻や兄弟が連帯保証人になることもあります。そうすることで、ますます家と会社の概念が一体化するのです。

私自身、後継者として生まれ小さい頃から暗黙のうちに跡取りになるものとして育ったわけですから（父から直接言われたことはありませんが、周りの環境がそうでした）、社長になるための教育を受けて経験を積むことができました。家族という単位で会社を守るという考え方は、私はいまでもとても良いことだと思っています。会社を続けるには多くの困難があるわけですから、家族という強いきずなで結ばれた人たちで協力し合っていくことは非常に素晴らしいことだと思います。

世界的に見ても、日本の会社は社歴が長いと言われています。帝国データバンクの調べによると、全国で100年以上続いている会社は3万3000社以上もあるそうです。これは世界的に見てもダントツの数です。

特に、戦後の高度成長期である昭和40年代、50年代にできた会社の社長が、いま老いてきているのです。

私が父から継いだアスク工業も昭和46年創業で、父は78歳です。周りの会社も、それぐらいの年代の社長ばかりです。70代の社長がいまでもアスク工業に製品の営業や配達に来てくれるのですが、そういう社長さんたちは、まだまだ俺がやるんだと意気軒昂《いきけんこう》です。その歳まで本当によく頑張られていると思います。

多くの中小企業が創業後の高度成長期の波に乗って大きな設備投資をしました。ホテル・旅館・工場の製造ラインなど好景気の際にその需要を取り込もうと多額の借り入れをして、設備を増強しました。高度成長期が終わり、バブルが崩壊した後に残されたのは、多額の借金とほとんど使われない設備です。様々な業種で需要が減り設備の稼働率が大きく下がってしまったのです。市場はまだまだ拡大すると見込んだ経営者が、実際に必要な規模の数倍の設備投資をしてしまった結果、少ししか稼働しない工場のライン、半分しか埋まらないホテルの部屋などと、借金だけが残ってしまいました。

当時借りた多額の借金の返済がまだ終わらず、老いた体に鞭打ちながら返済を続ける。こんな生活を長年続けていれば、経営に魅力を感じなくなるのも当たり前です。息子をこんな状況に身をおかせたくない、そう考える社長の気持ちもわからなくはありません。加えて、以前に比べ家族の結びつきが弱まり、事業を家族で支え、引き継いでいくという意識が低くなっていることも、中小企業の後継者不在に拍車をかけています。

私の会社アスク工業では、非常にニッチで精度の高いスキー用品の材料や半導体関連部品を多く取り扱っています。そういうものを作る技術力のある工場はごくわずかですが、そういうところが、いまどんどん廃業しています。そうした会社と連携し何十年と一緒に作ってきた部品がいま製造できなくなってきているのです。工業製品などは大量の部品が集まってできていますから、部品が一つでも欠けると製品が完成しないのです。

廃業の連絡が来るのは、たいてい廃業の1ヵ月から3ヵ月程度前です。そこから慌てて、新たな生産委託先を探すのですが、図面に出ないような細かい精度や調整が必要な部品も多くあり、安定して製造ができるようになるには1年以上かかるということもよくあるのです。

一つの企業が廃業することにより、製品が作れなくなるという事例はいま次々に起きています。そういう場面を多く見ていると、日本ではもうもの作りを続けることができなくなってしまうのではないかという危機感すら覚えます。

優良企業も例外ではない

あるとき、もう何十年も取り引きしていた会社から、廃業するという連絡が来ました。ゴム部品を製造しているこの会社は社員が１００人ほどおり、認知度も高い非常に優秀な会社ですが、そこが廃業するというのです。びっくりしてすぐに向かってみると、社員の方もみな、あまりに突然の廃業の報告で驚いています。ある日近くの体育館に集められて、何の発表だろうと思っていたら、「わが社は、廃業することになりました。みなさんは、いまから転職先を探してください」と言われたといいます。

廃業の理由は、後継者不在でした。社長が高齢で、もう継続することができないということでした。アスク工業もその会社から部品を仕入れていましたので、非常に慌てたのですが、この会社の社員の方のほうがもっと慌てています。新しい生産委託先を見つけられるまでの間製品を作りつづけられるように、事前に多くの部品を注文しておきたかったのですが、彼らは、もう自分の転職先を探すことで精一杯です。多くの顧客から同様の依頼を受けているようで、担当者も「もうやり切れない」と、結局部品は生産してもらえず供給が止まる事態になってしまっていました。

このように一つの工場がなくなることは、製品が作りつづけられなくなるばかりでなく、従業員やその家族、取引先にまで及ぶ大問題なのです。

挑戦者が引き継げる仕組みを

そういう廃業していく会社を誰かが引き継いで、新たな挑戦に繋げる仕組みができないかと考えたのがトランビの創業のきっかけです。

アスク工業は研磨剤の商社として約50年前にスタートしましたが、いままではこの売り上げは2パーセント程度しかありません。顧客の技術相談を受けているうち、それを解決するための新しい製品を開発しつづけ、現在は半導体、スキー製品、健康食品の通信販売など11の事業を運営しています。アスク工業は常に新しい事業の構築を続け、過去に累計で２００事業に挑戦してきたのです。それだけ挑戦して、残ったのは11事業だけでした。私が父の後を継いだ後も開発しては失敗の連続。新規事業の開発はほとんど失敗するのが現実です。

そんななか、廃業する会社をＭ＆Ａで引き継げないものか、と思いついたのです。

社長は高齢になっているが、技術や社員のレベルが高い会社が、廃業してしまっている。アスク工業がそういう会社を引き継げれば、ゼロから事業を作らなくても済むだろう、複数事業を同時に管理する仕組みを導入できればもっと会社を成長させられるかもしれない。そう思ったのです。

そこで当時のＭ＆Ａ仲介会社を訪れたわけですが、Ｍ＆Ａ案件の数が少なくみな高額なものばかり。アスク工業ではとても挑戦できるレベルの案件ではありませんでした。

周りを見渡せば多くの小さな会社が廃業しているのに、そういった小さな会社がＭ＆Ａができないのはあまりにおかしい。そう思い、インターネットを使って経営者本人同士が直接やり取りできる仕組みを作ってしまおうと思ったのです。

しかし、日本には、会社を売るという発想がありません。むしろ、失敗のイメージがある。他人に売るぐらいなら廃業したほうが潔い、と考える方さえいます。でも、廃業するときの影響を考えていただきたいのです。従業員は転職を余儀なくされ、取引先に対しても大きな穴が開き、自社の持つ独自の技術やノウハウが消滅してしまうのです。

アメリカでは会社を売ることは成功者の証、と捉えられますが、日本では逆に失敗のイメージをお持ちの方がいまでも多いようです。M&Aというとハゲタカ、乗っ取りなどマイナスな言葉を連想される方もいらっしゃるようです。自分が作った会社をおカネを払ってでも買いたいと価値を認めてもらえた証なのですが、まだそういう理解がないのです。

私はこのM&Aのイメージを変えたいと思いました。インターネットを使って、だれでも案件情報にアクセスできるようになれば、M&Aはもっと当たり前になる、そう思って仕組みを作ったのです。

個人事業主が参加できる仕組みにしたこともここに理由がありました。日本では多くの事業は法人化せずに、個人事業として運営されています。町の飲食店や美容室、塾やパン屋さんなどは多くが個人事業です。トランビではこういった個人事業までもがM&Aできるようにしようと考えたのです。圧倒的に多い個人事業がM&Aできるようになれば、地方においてもM&Aでお店などを買う人が増えて、事業を売買して成功した人が溢れるようになる。

こうなってはじめて日本のM&A市場は活発化し、ポジティブにみんなが挑戦できるようになると考えたのです。

結果、現在では多くの個人の方までも会社を買うようになっています。経営者になるという選択肢、会社を売買するという選択肢が個人や中小企業にも現実のものとして実行できるようになりました。

トランビはアスク工業の一事業としてサービスを始め、当初はベータ版として無料でサービス提供を開始し、運営は、私一人が他の事業と兼務で行っていました。

最初に登録があった案件は、自動販売機を関東で設置し、管理する会社でした。はじめての登録だったので、うれしかったのですが、残念ながら成約には至りませんでした。サービスを開始した直後は、売り手も買い手も少ないうえ、ユーザーもM&Aの交渉に慣れないため、買い手もメッセージをあまり送ろうとしません。そうした状態が、しばらく続きました。

当時は、M&Aをネットで行うなど、誰も想像がつかなかったのだと思います。しばらく鳴かず飛ばずの状況が続いたのですが、ユーザーが徐々に増えてプラットフォームが活発になった時点で会社を分社化、正式版リリースとして売り手の方は無料とし、買い手から3パーセントをいただく仕組みとしました。

その後、個人や中小企業がM&Aに挑戦できることが徐々に話題となりはじめ、メディア露出が増え、さらに金融機関との提携をいただけるようになり、いまでは150を超える金融機関と提携しています。インターネットを使ったM&Aがやっと認められてきたのだと感じています。

M&Aが一般的にならない理由

従来M&Aの情報は秘匿性が高く、M&Aの専門家に依頼して、内密に買い手を探してもらうという行動が取られます。

M&Aの専門家は独自に集めた企業リストから、買い手候補となる会社をリストアップし、一社一社買う可能性があるか確認を取っていきます。買い手を探す作業は、非常に時間がかかります。誰でも買いたい良い条件の会社であれば、買い手はすぐに見つかるのですが、業績がちょっと厳しい場合や、赤字や債務超過のような案件の場合は、簡単には買い手が見つかりません。

専門家の手数料は、成果報酬が一般的です。

M&Aが成約してはじめて手数料がもらえるのです。ですから、専門家はどうしても買い手が見つかりやすい良い案件、そして一件で手数料が十分稼げる大きな案件を手掛けたい、という意向が働きます。大手のM&A仲介会社の場合、相談を受けるうちの、10パーセント程度しか仕事を引き受けないという状況もあるようです。すべてがそういうわけではありませんが、専門家もボランティアではないので、業務効率化を目指すとどうしてもそうならざるをえないのです。

一方、会社を買いたい企業も、M&A仲介会社が手持ちのリストから選ぶことになります。そのためまずは仲介会社にリスト登録してもらう必要があります。登録されても案件は可能性の高い買い手から順に提案されるので、リストの下位の企業にはなかなか情報が回ってきません。買い手を探す作業は膨大なコストと時間がかかりますので、M&Aは東京の大手のM&A仲介会社に依頼しないと難しい状況だったのです。

一方、中小企業が会社を買おうとする場合は、必ずしも大きな案件である必要はありません。むしろ身の丈に合った小さな会社が欲しいのです。仮に赤字の会社であっても自社のネットワークやノウハウをつぎ込めば、業績を改善できる場合も多くあるはずです。従来、一部の地方の金融機関や税理士事務所などが中規模のM&Aを手がけていましたが、地方では買い手の候補がさらに限られますので、買い手探しのコストが重しとなり、小さな案件はサポートできない状況が続いていたのです。

誰も手がけない案件にこそ、磨く余地があり、小さく買って大きく伸ばす可能性が残されているわけで、もったいないとしか言いようがありません。

しかし、ネットを使ったこの新しい仕組みにより、M&A案件情報に触れることができる人が膨大に増えました。いまではサラリーマンが会社を買って社長になる人まで出てきました。小規模の個人事業までもがM&Aできるようになったため、挑戦する人たちの数が圧倒的に増えたのです。

中小企業のM&Aはシンプルでいい

トランビのスタートで多くの人がM&Aに挑戦できるようになったとはいえ、M&Aのすべての交渉がインターネットで完結するわけではありません。実際は、トランビで売り手と買い手をマッチングした後が本格的なM&Aのスタートなのです。妥当な価格はいくらなのか、契約書にはどんな条件を織り込むのか、引き継ぎ期間はどれぐらいに設定するのか、その際の先代社長の給与はどうするのか、など交渉のポイントは多岐にわたります。小規模な事業の場合であってもＭ＆Ａの交渉を売り手と買い手の本人同士だけで行うのはリスクもありますので、専門家を上手に活用することが大切なのです。

トランビはＭ＆Ａマッチングを行った後に相談できるＭ＆Ａ専門家のネットワークを全国に作ることにもっとも大きな手間をかけています。安心して経営者がＭ＆Ａに挑戦できるようになるには、ネットのマッチングの仕組みと、安心して相談できるＭ＆Ａ専門家のネットワークが不可欠なのです。

トランビを始めた当初、「こういう事業を行っているのですが、ご協力いただけませんか」と、公認会計士、税理士、弁護士、経営コンサルタントなど、全国の専門家に声をかけていきましたが、ほとんど相手にしてもらえず、協力してもいいという人も、まあ、しょうがないかという感じでした。そもそも、インターネットでＭ＆Ａができると思っていないのです。彼らはすでにＭ＆Ａに取り組んでいてその難しさをよく理解していますから、こんな仕組みが成り立つはずがないと思っていたのだと思います。

トランビの提携専門家である公認会計士の小木曽正人先生も、最初は「馬鹿な仕組みを始めたな」と思っていたそうです。ところが先生が試しに掲載した案件に、一気に多くの問い合わせが来て実際にM＆Aが成約したとき、はじめて「これはいけるかもしれない」と思ったと言っています。いまは、「絶対やれる」と言ってくれています。

先生は、この仕組みでM＆Aに挑戦することができるなら、世の中のすべての企業のM＆Aが扱えると、そのとき確信したそうです。その後、トランビは大きく全国に広がりました。先生はいま、自分のように小規模M＆Aを扱ってくれる会計事務所を増やそうと、各地でセミナーを行っています。

小木曽先生はこう話しています。

「M＆A専門家の手数料が高いのは、成功報酬だからです。M＆Aが成約して、はじめて報酬が入ってくる。そのため、成功する確率の高い案件や成功したときの報酬が大きい案件を優先して扱います。

一方、私は廃業しかかった会社を、『廃業する前にいったんトランビに載せてみましょう。買い手が来たら私がサポートします。M＆Aできればみんなが喜ぶし、M＆Aできなければそのときはじめて廃業を考えればよいのではないでしょうか』というスタンスなので、従来とは大きく異なります。

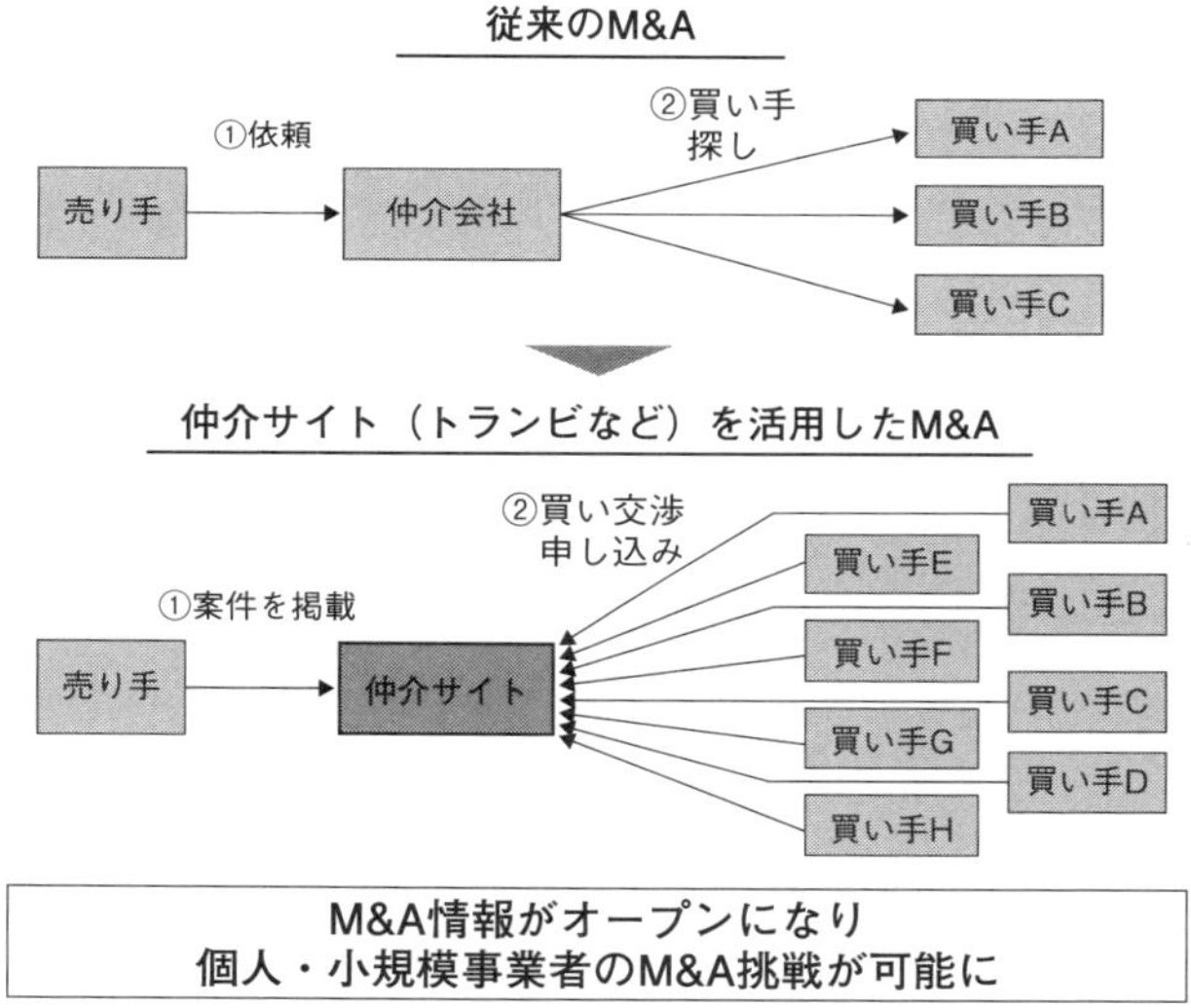

これまで専門家は、仕事を引き受けたら、まず買い手を探すところから始まりました。そこにもっともコストがかかります。そのため、難しいＭ＆Ａの相談に来られても引き受けられないケースが、非常に多くあります。引き受ける場合は、少なくない着手金を取る場合もあります。それだけ従来のＭ＆Ａは、難しいということです。

しかし、トランビの場合は、載せた後は、自分から買い手を探す必要がありません。ほうっておけばいいのです。買い手から申し込みが来て、はじめて動き出すことになります。だから売り手も会計事務所も、少しも困りません。初期費用がゼロなのです。そこが画期的なのです」

トランビを使えば、廃業を考えているたくさんの会社を第三者に承継させる選択肢を示すことができます。会計事務所等、廃業を検討されている顧客を持っているみなさんは、ぜひM&Aを選択肢に入れていただきたいのです。そして、M&Aをサポートするメニューを作っていただきたいのです。

M&Aの現場ではほとんどが交渉です。専門家は、売り手と買い手の間で、緩衝材のような役割を担うことになります。交渉は3ヵ月から半年ぐらいかかりますから、どのタイミングでどういう情報を出し、互いのすり合わせをしていくか、知識や経験が必要になります。

ただし、大企業のM&Aと違い、中小企業のM&Aは検討項目を絞り込んで効率よく進めることが可能です。M&Aは、非常にハイレベルなものというイメージが一般的にあるため、「うちには無理だ」と敬遠されがちです。会計事務所の中でも、M&Aを扱ったことがある人は、いまだ全体の5パーセントほどだと言われ、専門家不足の状況が続いています。こういった状況を変えて誰もがM&Aを手がけられるようになるには、専門家の育成が必要なのです。特に地方では専門家の数が足りていません。

会社を「売る」人の事情

ここまで、会社を買った方の実例を紹介しましたが、反対に会社を売ったという人の例もご紹介したいと思います。売り主の事情や心境を知ることは、きっとプラスになると思いますし、会社は買いつづけるものではなく、状況に応じて売却するという選択肢も持つべきだと思うからです。自社では成長の見込みがなくなった事業も、他社との新たなシナジーが生まれればさらに伸びる可能性が出てきます。

そういう意味では、これからの経営者は会社は買うだけでなく、売ることも当たり前の選択肢として理解しておく必要があると言えます。

トランビに載せていただく案件で、最近増えているのは次のようなケースです。

後継ぎがいないので、廃業しようとしている会社があるとします。金融機関や公認会計士に相談すると、「では、まずM&Aに挑戦してみましょう。御社は社歴が長く、積み上げたものがたくさんあるので、売れるかもしれませんよ」とアドバイスされます。まずM&Aに挑戦してみて、残念ながら売れなければ、そのときには廃業しましょうという二段構えの仕組みです。

会社を廃業するには様々な手続きが必要で、かつ清算には会社建物の解体や更地化などかなりの費用がかかり、社長本人に残るおカネも少なくなってしまう場合が多いのです。もっとも大きいのは、従業員を解雇しなければならないことでしょう。

廃業するより、会社を誰かに引き継いでもらうことは、非常にメリットが多いのです。

廃業を考えていた会社が、トランビに載せた結果1億円以上で売れたというケースもあります。

ある中古車部品販売の社長さんは、廃業をお考えになり公認会計士に相談されました。

社長が70歳を過ぎていて、社内に息子さんがいたのですが、最近赤字経営に陥ったことから息子さんはこのまま経営をやっていく自信がないということになり、債務超過に陥る前にきれいに廃業できるうちに会社をたたもうと決心され、公認会計士に廃業の相談をされました。するとその公認会計士から、「直近は赤字ではあるが、売上高が５０００万円あり、社員、ネットワーク、ノウハウなど様々な積み上げた価値がある会社なので、一度Ｍ＆Ａに挑戦してみましょう」と提案を受けたのです。

トランビに載せたところ10社からの買い取り申し込みがあり、最終的に1億2000万円でM&Aが成約しました。

債務超過のホテルを、8000万円で売却したケースをご紹介しましょう。

社長は60代後半の方で、ご夫婦でホテルに住み込みながら、40年ほどホテルを経営されてきました。しかし、跡取りがいないためメインの銀行に事業売却の相談をされました。

債務超過の場合、理論上の価値が0円どころかマイナスになってしまうため、買い手を探すのが難しく、詳しい専門家以外にはなかなか引き受けてもらえません。この件も、銀行から紹介された専門家に事実上お断りされています。「売却価格が0円でよろしければお引き受けすることは可能です。しかし、成約時の手数料はいただかないと、我々も成り立ちません」と言われたと言います。要するに、おカネを払って引き取ってもらうほかないというのです。

困った社長がトランビに掲載したところ、21社もの買い手から連絡があり、最終的には不動産会社が8000万円で買収しました。

実はこの案件の場合、債務超過と言われていた原因であった1億円の借入金は、金融機関からの借り入れではなく、社長さん個人から借り受けたものでした。

この1億円が代表者借入として決算書の負債に計上されていたため、「見た目上」債務超過になっていたわけです。しかし、社長個人のおカネは、実質的には資本金とみなすこともできます。

そこで公認会計士に依頼して、負債から資本に移す処理をすることで、決算書上の債務超過を脱し、見事M&Aが成約したのです。会社を売却された社長ご夫婦は、8000万円の売却金を元にホテルの近くに家を建てられ、静かに暮らしておられます。


このケースのように、最近では、M&A専門家がトランビを利用することが増えてきました。

いままでM&A専門家の方が断らざるを得なかった、小規模や債務超過のような難しい案件でも、買い手を待ってM&Aを進めることができるためです。たとえ小規模、赤字や債務超過であっても、毎年安定した売り上げがあり、得意先もあるのであれば、やり方次第で利益が出せると考える買い手も多いのです。自社の事業と相乗効果で、黒字転換できるという目算がある方もいるのです。いずれにせよ、新しい経営者の発想が入ることで、債務超過の会社が生まれ変わる可能性が出てきました。

オークション方式で譲渡

売り上げ20億円のある会社が、M&A仲介会社に頼んでM&Aを進めていたのですが、買いたいと手を挙げた候補は1社だけで、値段は12億円と提示されました。M&Aで会社を売るということは一生にそう何度もあることではありませんから、多くの買い手に会い、価格が妥当なのか確かめたい、という社長から、私にご相談をいただきました。

社長のご意向を聞くと、息子に資産を残したいため、値段はできるだけ高いほうがいいし、いろいろな買い手の中から相手を選びたいということでした。そこで私たちは、別のM&A専門家を採用し、20社を買い手候補としたオークション方式にかけることにしました。提供された情報を元に買い手が買収価格を提出する入札のような仕組みで、買い手が多く見込まれるような案件や、規模の大きな案件では時々行われることがあります。

この案件では、30億円での成約に至りました。

なお、この案件は会社の規模が大きく、特定されることを避けるため、トランビのサイトに掲載せず非公開で買い手を募っています。特定の条件を満たすことが必要ですが、トランビでは非公開で買い手を募ることも可能なのです。

M&Aで売れる会社にするには、いくつか満たしておくべき条件があります。

・決算書など業績を表す資料が整理されている
・社長が代わっても売り上げが落ちない
・重要な得意先が1社なくなっても業績が傾かない

優れた経営者の方であれば、これらのポイントは日頃から十分に満たしていると思います。経営者は、会社を常に磨きつづける必要があります。ある日まさかという事態が起こって、会社を誰かに譲らなければならなくなったとしても、すぐにM&Aで他人に売れるぐらい素晴らしい会社に磨いておきたいものです。

幹部や従業員の能力を高め、社長がいなくても売り上げが落ちない状態にしておくことが大切です。M&Aでは、結局ほとんどのケースで社長が代わることになりますから、買った後に社長が代わって売り上げが落ちてしまうような状況では、その会社を買うメリットが生まれづらくなってしまいます。

得意先が偏重しておらず、複数に分散しているとリスクが回避できます。景気の波にも左右されづらくなりますので、安定した得意先が複数あるということは重要なのです。新しく顧客を開拓するとなると、とても難しいものです。つまり、M&Aの買い手にとって複数の得意先は、とても大きな価値になるということです。

第6章　妄想こそが経営の第一歩

シナジーを妄想する

トランビに載っている案件を見ながら、その会社の現状を想像し、自分が買ったらそこからどんな新しいサービスを生み出せるのか、強みをより強くできるのか、弱みは解決することができるのか、など発想を広げるのはとても楽しいことです。

旅館やホテルの場合、内装をどう変えるか、食事のメニューはどうするか、客単価を上げるのか下げるのか、地元との連携で新しい企画はできないか、など様々なことが頭に浮かびます。

製造業でしたら、会社の持っている技術を使って新しい業界へ参入できないか、加工の精度を上げることで新しい顧客からの受注が期待できないか、加工工程で無駄を省けば利益を増やすことができるのではないか、などと考えます。

食品製造でしたら、新しい通販サイトを立ち上げて全国に顧客を作れないか、他社とのコラボで新しい製品を作り百貨店に販売できないだろうか、など。様々なイメージを膨らませることで、事業の発展の道が見えてきます。

日々たくさんのユーザーがトランビのサイトを訪れますが、ほとんどの人は案件を眺めながら、「自分が買ったら何をしよう」とその会社の将来を妄想しているのです。そして、この「妄想」＝「ポジティブな発想で事業の未来を描くこと」こそが、経営者にとってもっとも大切な仕事なのだと思うのです。

サイトを見ている多くの人の頭の中では、自分だったらこういうことをする、という新しい発想が生まれているようです。それも掛け算の発想で、いまの事業にこの事業を掛け合わせるとどうなるかを考えているのです。

ゼロから新規事業のアイデアを考えようとしても、そんなに簡単には思いつかないのですが、トランビには、多数の選択肢がすでにあるわけです。それを見ながら妄想を膨らませているうちに、その事業に新しい可能性を見出すことができるのです。

実は、セミナーなどで私に対して一番よく寄せられる質問が、「私（私の会社）はどんな会社を買ったらいいか、教えてください」というものなのです。

本来、一番楽しいはずであるこの妄想（事業の未来を考えること）が、実は一番難しいものなのかもしれません。しかし、ここは焦らず時間をかけて考えていただきたいのです。事業の未来を考える作業は経営者にとってもっとも大切な作業であり、仮にコンサルタントなどにアドバイスをもらったとしても最終的には経営者自らが考えるものだと思います。

日本では事業計画を作っている企業の数は、わずか1パーセントにも満たないのだそうですが、大きな投資を伴うM&Aでは計画が重要です。販売を強くするのか、製造部門を強くするのか、多角化でほかの業種に参入するのか、案件を見ながらそういった方向性を妄想していくことが、そのまま経営計画を作る作業にもつながるのです。

「ドラゴンボール」のように

第1章で紹介した、長野の温泉旅館をクリニックが買った事例は、二つの事業を組み合わせることで新しい価値が生まれる好例で、これはとてもクリエイティブな発想だと私は思います。

M&Aでもっとも重要なのは、「シナジー」です。シナジーとは相乗効果という意味ですが、シナジーをどう最大化できるのか、ここが経営者の腕の見せ所です。1＋1が5にも10にも、あるいは100にもなる。M&Aの良さは、ここにあります。

漫画「ドラゴンボール」の孫悟天《そんごてん》とトランクスという二つのキャラクターが融合する「フュージョン」という技では、二人の力がかけあわされてものすごく強いキャラクターに変身するのですが、逆に弱い相手とフュージョンすると、もの凄く弱いキャラクターになってしまう。M&Aのシナジーは、ちょうどこんなイメージだと思います。

最大のシナジーを生むためにはどんな方法が取れるか、そういう発想を目指していただきたいのです。

アマゾンが買った地方の酒店

上場企業が、トランビを使って、売り上げが1億円に満たない会社を買うこともよくあります。

上場企業は、何か新しい事業を始めるとき、ゼロから立ち上げるよりも、すでにあるものを買って時間を節約したいという意向が強いように思います。上場企業は、大きな販路やネットワークをすでに持っていますから、小さい会社を買って自社の販路に載せることで大きく成長させることができるという算段があるのです。

場合によっては、債務超過で赤字の会社を、上場企業が買うケースまでもあります。

以前、アマゾンジャパンが休業している酒店を買ったというニュースが報じられたことがあります。

最近の酒類販売業免許は一般酒類小売、通信販売酒類小売、特殊酒類小売などの区分けがあり、その免許で定められた方法でしか販売できませんが、老舗酒店の持つ古い免許ですと、そうした制限はありません。アマゾンは、古い酒店を買うことでこの許認可を取得し、以降、自社のサイトであらゆるお酒を売ることができるようになり、巨額の売り上げをあげるようになったのです。

許認可の取得を目的としたM&Aは極端な例ですが、参入障壁の高い領域への参入など、ゼロから始めるよりもM&Aがいかに有効な手段かおわかりいただけるのではないでしょうか。

掛け算の発想力

M&Aではシナジーが大切と繰り返していますが、実際に何と何をどう掛け合わせればよいシナジーが生まれるのか、なかなか思い浮かばないものです。

私自身、自分が長野で経営している製造業と、何を掛け合わせれば良い事業ができるのか考えても、なかなか思いつかないのです。実際はここがすごく難しい。セミナー参加者の質問のように、私も何を買ったら良いか教えてください、と誰かに聞きたいくらいです。

結局、それは発想力の問題なのではないでしょうか。特に我々日本人は発想力を鍛える教育を受けていませんから、できないのは当然なのかもしれません。

企業が新規事業を始めようとする場合、周辺事業に絞って考えることがほとんどですが、そもそも市場が先細りしているのですから、もうやれることはほとんどないということになってしまいます。クリニックと温泉旅館を掛け合わせるというような、クリエイティブな発想は、なかなか出てきません。ただ、それでもあきらめずに、挑戦しつづけることが大切なのです。トランビができて以来、毎日トランビを見ているという人もいますが、その人はトランビに掲載される案件を見ながら、毎日自分の「妄想力」を鍛えつづけているのです。

経営では、選択と集中が大切と言われます。限られた経営資源を重要な事業に集中的に投下し、他社に負けない体力をつけるべきという考え方です。

非常に重要な考え方ですが、市場が縮小している局面では、それだけでは限界もあるのではないでしょうか。現在の事業に固執しても、結局そこからは何も生まれないということもありえます。成長が見込める分野で選択と集中をするのは良いのですが、市場が縮小に向かっているときに選択と集中では限界もあるはずです。

いま私たちに求められているのは、新たな分野にも視野を広げ、そこから事業を発展させる発想なのではないでしょうか。

突然真っ白いカンバスを渡され、何か絵を描いてみなさいと言われても、なかなか描きたい絵は思いつきません。事業をゼロから作ることは、この真っ白なカンバスに絵を描くことに似ていると思うのです。創造性を持って、ゼロから描きたい絵を描き上げるのは楽しい反面、描きたい絵を生み出す苦しさがあります。

ｉＰｈｏｎｅで世界を変えたスティーブ・ジョブズは21世紀最高の発明家の一人ですが、そのｉＰｈｏｎｅにしても、ひとつひとつの要素技術を見れば、すべてが革新的というわけではありません。単純に言えば、メモリを使った音楽プレーヤーのｉＰｏｄに、携帯電話を組み合わせたもので、それがスマートフォンという21世紀最高の発明品を生み出したのです。これからは、経営者がこのような発想を生む力をつけていくことが大切だと思うのです。

投資と経営の違い

最近は個人の方から、不労所得の得られる小規模な案件を紹介してほしいという相談を受けることが増えてきました。

不労所得というと不動産投資のような状態をイメージしますが、事業は生き物ですので、経営と所有がきちんと分離されている会社でも、確実に不労所得を得られる、と言い切れる事業にはなかなかお目にかかれません。

オーナーが現場に入らずに成り立っている会社は、ある程度社員数がいる、規模の大きな案件ですので、買収には最低でも数千万円ぐらいの金額は必要です。実際にサラリーマンの方が数千万円で社員のいる会社を買って、社長になられたケースが複数ありますので、チャンスは広がってきているように思います。

会社を大きく育て、買ったときより高い値段で売って利ザヤを稼ぐという目的で会社を買う方もいるようです。ただ、事業を改善できる力を持った人でないと簡単には収益性は高まりません。また、売りたいときに必ずその事業が売れるとも限りませんので、やはり注意が必要です。事前に売却先を決めるなど、出口戦略をあらかじめきちんと考えたうえで実行することが大切です。

妄想リストを作る

事業の妄想を繰り返していくと、自分がどのような案件に興味を持っているのか、傾向が見えてくるはずです。これをエクセル等でリストにしてみてください。

自分は何を目指してM&Aをするのか、このリストから探ることが可能です。たいていの場合、事業を買う理由は一つには限られません。複数の目的を持って、良い案件が出てくるのを待っている方々が大半です。そういう意味では、このリストも目的別に複数作って、それぞれの観点から個別案件を評価するとよいでしょう。リストを作ると、自分の買いたい案件の方針を明確化することができます。予算があれば、M&A仲介会社から大きな案件を紹介してもらうことも検討してみましょう。

また、トランビでは買いニーズを登録すると、通常一般には公開されない非公開のM&A案件の提案を受けられるようになります。妄想の結果、明確になった買いニーズを登録しておくことをお勧めいたします。

妄想を数字に変換する

M&Aを活用したい経営者は、決算書を見たらすぐにその会社の経営状況がわかるというくらいまで、数字経営の力があることが望ましいと思います。

ロマンとソロバンとはよく言ったものですが、妄想でロマンを膨らませた後は、きちんとソロバンをはじき、自分の事業計画がどれくらい収益を生むのか判断することが必要です。

たとえば、年間500万円の税引き後利益を計上している事業が、1000万円で売られているとします。資産は特にありません。

この事業を買い、そのままいけば、2年で元手を回収できるということになります。それを1年で回収できるようにするためには、利益を1000万円に伸ばすアイデアがなければいけません。そのためには、この事業の何をどう具体的に変えればいいのかを妄想します。売り上げを伸ばすのか、コストを削減するのか、もしくはその両方か。色々なアイデアを検討し、それがいくらの利益を生み出すのかという計算がすぐにできる必要があるのです。

この力がもっとも求められるのはオーナー面談、企業訪問のときでしょう。買収を検討している企業の現場を見ながら、何をどう変える余地があるのか、それによっていくらの買収価格を提示できるのか、これらの計算ができることが必要です。

単価を下げれば販売量は増えますが、売り上げは逆に下がってしまうかもしれません。コストダウンのために原材料を変更すれば、利益率は上がっても顧客が離れて売り上げが下がってしまうかもしれません。あらゆる点に配慮し、頭の中で可能性を探るのです。

特にサラリーマンの方は普段決算書を見る機会は少ないでしょうから、数字経営の感覚を付ける必要性はさらに高いと思います。難しいように思えますが、訓練で身に付けることが可能です。ソフトバンクの孫正義社長が活用していたことで有名な数字経営の「マネジメントゲーム研修®」などのような研修なども活用しながら、数字感覚を磨いていただきたいと思います。会社を買うとき以上に、買った会社を経営する際に絶対に必要になる能力でもあります。

企業規模が小さければ、検討しなければならない点が少ないため、ハードルはさほど高くありません。経営を始める前から徐々に学び、経営者になってからもレベルを上げつづけるという姿勢で取り組むことが重要だと思います。

余談ですが、私は他社の決算書を見るのが大好きです。特に中小企業の決算書には、経営者の経営方針や人柄まで数字となって表れているように感じます。

普段かっこいいことを語っていても決算書はボロボロという会社もありますし、静かな経営者であっても驚くほどピカピカの決算書を作り上げている人もいます。まさに決算書は経営者の通信簿です。自分の実現したい会社はどんな会社なのか、決算書からそれがイメージできるようになると、どんな会社を買うべきか決算書を見るだけで判断ができるようになります。誰に見せても恥ずかしくない決算書を作り上げるのだという気持ちをもって、常に会社を磨きつづけていただきたいと思います。

アメリカのシリコンバレーには、多くのエンジェル投資家がいますが、彼らはわずか10分、立ち話をしている間に相手の事業のビジネスモデルを理解し、さらに質問を繰り返すことでその企業の将来性やいまの状況、そしてリスクがどこにあるのかを把握してしまいます。そのためにも必要なのが数字での理解力なのです。

エンジェルはまさにプロの経営者ですが、こういうプロの経営者が日本にもっと増えるのではないかと思います。

事業の未来とめぐり逢うところ

以前、マンションを数千戸も経営している不動産管理会社の経営者に呼ばれ、金融機関の担当の方と一緒に面会したことがあります。その方は、現在は外注している内装と清掃業務を内製化するために、会社を買いたいというご要望をお持ちでした。

ところが話しているうち、トランビのサイトにイタリアンレストランがあるのを見つけ、これを買いたいと言い出しました。「実は、自分のマンションの1階に空いているテナントがあり、そこでイタリアンレストランをやりたいと思っていた」と言うのです。

そこから話がどんどん移っていき、今度は東南アジアの養豚場が欲しいと言い出しました。

「実は俺、不動産経営なんか興味ないんだ。本当は、農業をやりたい。なかでもミャンマーに興味があって、ミャンマーで養豚をやりたいと思っていた」

と、同行していた金融機関の担当者をビックリさせることを口にしていました。

これは極端な例ですが、経営は本来もっと自由なもので良いのではないでしょうか。自由な発想から新しい価値が生まれ、未来に繋がるのです。

私はここにトランビの価値があると思うのです。色々な事業を見ているうちに、どんどんインスピレーションが湧き、自分の本当にやりたいことがはっきりしてくるのです。

自分が本当は何をやりたいのかわからないという人は、思いのほか多いようです。トランビが、事業の未来へと繋げる場を提供できればと思っています。

終章　誰でも会社を買える時代に

M&Aは繰り返せばいい

私は、誰もがもっと気軽にM&Aに挑戦できるようになればいいと思っています。

会社経営にゴールはなく、ずっと続くものです。経済環境の良い時もあれば悪い時もある。事業が伸びる時もあれば、縮小せざるをえない時もある。環境に合わせて企業は変わりつづけなければいけません。そのなかで、中小企業もM&Aという選択肢を持つことで、会社をより柔軟に変化できるようになるのです。

会社や事業を柔軟に変化させながら、環境に合わせて常に会社を磨きつづける。顧客の満足度を上げ、社員の満足度を上げ、良い会社を築きあげる。そのための一つのツールがM&Aなのです。

経営には計画が大切だと申し上げましたが、どれだけ入念に計画を練ってもうまくいかないこともあります。経営には常にリスクがつきものですから、百パーセント成功する経営計画というものはありえません。残念ながら失敗した場合は、会社や事業を売るという選択肢もあってよいのです。それを資金化してまた新たな事業に挑戦する。リスクを負いながらも挑戦し、成功するまで挑戦と失敗を何度も繰り返すことができる環境が必要なのです。

新規事業をゼロから立ち上げるのに比べてM&Aによる事業スタートはリスクが少ないと申し上げましたが、それでも必ず成功するとは言えません。経営がうまくいかないことがあるように、M&Aもうまくいかないこともあるでしょう。その場合は事業を手放すという勇気を持つことも大切だと思います。

「自分なら、絶対にうまくやれる」と思う人が、次の経営者として手を上げてくれるでしょう。なにしろ、買い手候補は売り手の10倍いるわけですから。

常に事業を考えながら、M&Aは繰り返してもいいと私は考えています。新規事業はもちろんですが、M&Aも百発百中で成功するなどありえません。

失敗を糧にして、次の成功を目指せばいいと思いますし、そうするうちに経営者に力がついて、必ず成功の確率は上がります。

成功のためには失敗経験を積み、経営者自らが成長していくしかないのです。

地方でこそチャンスがある

東京に比べ、地方ではM&Aを活用するケースはまだまだ少ないと言えます。事業承継のニーズはあっても、M&Aという選択肢を知らない方が多いのです。しかし最近は地方の公認会計士、税理士、弁護士、地方銀行などの金融機関も、積極的にM&Aを勧めてくれるようになってきました。

公認会計士、税理士、中小企業診断士、金融機関など、小規模事業を承継するM&Aをお手伝いするサービスを立ち上げたいという地方の専門家がたくさん出てきています。トランビにも協力や提携の要請をたくさんいただいています。

2019年5月には、全国の信用金庫の中央金融機関である信金中央金庫とトランビの提携が決まり、発表しました。これからは全国の信用金庫の職員の方々と事業承継を進める仕組みを構築していきます。

専門家は東京に偏在しているのが実情ですが、本当の意味で事業承継のニーズが高いのは実は地方なのです。

M&Aが認知されつつありますので、これからはどんどん地方にも浸透していくと思います。

アイデアとシナジー次第で各企業に大きなチャンスがあるのは、ここまでに述べてきたとおりです。地方の専門家の方たちが、ぜひその後押しをしていただきたいと思っています。

失敗を恐れない

トランビのユーザーは大きく伸び、２０１９年６月に会員数が３万人を超えました。アメリカでは、登録件数が20万件くらいのサイトがすでにあります。日本のこのマーケットは、まだまだ黎明期で今後ますます小規模のＭ＆Ａのマーケットが大きく伸びていくのは確実だと言えます。

第４章でも申し上げたように、Ｍ＆Ａは非常に心躍るチャレンジですが、Ｍ＆Ａの後は「経営」に変わります。

安定した収入を保証されているサラリーマンと違い、経営者という仕事は常にリスクに直接向き合いながら、大きな責任を負う仕事ですが、大きな夢を追うことができる喜びがあります。私の夢は日本に存在する３５８万社の中小企業の10パーセント、約40万社がベンチャー化することです。そして子どもたちに夢のある社会を残してあげたい。

地方の中小企業に漂う閉塞感を打ち消すには挑戦者を増やすことが重要だと思っています。日本には、人材、設備やノウハウ、そして資金環境など事業への挑戦に必要な環境はほとんど整っています。世界的に見てもこれだけ素晴らしい環境が整ったところはあまりないのではないかと思います。

我々に足りないのは、新しい事業のアイデアと、それを進めるためのちょっとした勇気だけなのです。日本に挑戦の未来をつくるには、子どもの頃から挑戦と失敗を何度も繰り返し、〝無から有を生み出す〟ことの大切さを教えることが不可欠だと思います。単に物事を「覚える」よりも、「考える」「友達を作る」「力を合わせる」「人を喜ばせる」といったソーシャル・スキル、人と接する能力を身につけることが、実社会で役立つはずです。「どんな会社に入るか」ではなく、「どんな仕事をするか」、「どんな会社を創るか」を人生の選択肢として考え、行動し、変化に対応していってほしいと思います。

アメリカのシリコンバレーでは、スタンフォード大学などを卒業した優秀な学生が起業家になることを目指して、大学の図書館で寝泊まりしてホームレス生活を送りながら昼夜挑戦を続けていると聞きます。中国でも、同様に熾烈《しれつ》な争いを戦い抜いたベンチャー企業が多数生まれています。みな多くの失敗を繰り返しながら成長し、成功を目指しています。それに比べると日本はまだまだ挑戦者の少ない、いわば競争相手の少ない恵まれた市場なのです。

中小企業が長年培ったノウハウや人材を新たな挑戦者が引き継いで、新たな価値創造に取り組むことができれば、必ず新しい世界が見えてくると思います。ＩＴの力で、企業の規模の大きさはあまり意味をなさなくなりました。決断をすぐにできる技術力のある中小企業にこそ、今後の躍進の機会があるのだと信じています。後に続く子どもたちのためにも、新しい事業に挑戦できる環境を構築する、それは我々世代の使命なのだと思います。

ある地方の商工会議所にお招きいただいて講演をした際のことです。

「この地域は社長の高齢化が進んでいて、みなさん会社を譲れるなら譲りたいと仰っています。売り手側のお話を重点的にお願いします」

と担当の方から聞いており、確かに高齢の経営者の姿が多く見られたので、事業の売り方について話をしました。しかし、講演後、経営者のみなさんが、「こんな仕組みがあるなら私も会社を買ってやりたいことがたくさんある。どうやったら会社が買えるか教えてもらいたい」と言い出したのです。

やる気があっても挑戦する機会がなかった中小企業にも、新しいことに挑戦できる環境が整ってきました。アイデアと勇気を持った中小企業がこれからどんどん増えてくるのではないでしょうか。

アメリカの経営者

私が一番最初にM&Aに興味を持ったのは、アメリカの大学に留学していた時代であったと思います。当時、ホームステイさせてもらっていたのは上場企業の副社長を務める方のご自宅でした。

まるで映画に出てくるお城のような家で、部屋数もトイレの数もいくつあるのかわからないほど多いのです。その方と夕食を一緒にするときはいつも決まって、経営の話をしてくれるのです。株主総会にも出させてもらいました。

「お前もいつか経営者になるんだからこういう経験をしておきなさい」

そう言われて、いろいろな話を聞き、経験を積ませてもらったと思います。

そのなかで印象的だったのがM&Aのお話です。

「会社で一番大切な売り物は、商品でもサービスでもない。会社そのものがもっとも大切な売り物なんだ。だから会社はいつでも売れるように磨いておきなさい。

会社が売れる条件は二つ。

社長がいなくなっても売り上げが落ちないこと。もう一つは、主要な取引先がひとつ倒産しても、会社が傾かないこと。

お前が経営者になったら、常にこれを意識して会社を磨いておきなさい」

それまでは「会社を売る」という発想がまるでなかったのですが、この話を聞いてM＆Aというものに興味を持つようになりました。

私は映画が大好きなのですが、気がついてみるとハリウッド映画に出てくるかっこいい人は、M＆Aに関係する仕事についているように描かれることが多いのです。

そういう映画を通して、学生時代からM＆Aに一種のあこがれのようなものを感じていたのかもしれません。

アスク工業は製造業の会社ですから、まさか自分がM＆Aに関わる仕事をするとは思ってもみませんでしたが、M＆Aを使いこなせるかっこいい経営者になりたい、そんな感情を持っていたように思います。

私はいまでこそM＆Aプラットフォームの構築にかかりきりになっていますが、本来はアスク工業という企業の社長です。アスク工業のような中小企業がM＆Aを活用してより良い会社を目指せるようになること、これがトランビの目指す世界です。

アスク工業は父の代から200もの事業に挑戦し、残っているのは11事業だけで、新規事業に関しては失敗しつづけている会社なのです。研磨剤、半導体、スキー製品、フランチャイズ経営、健康食品の通信販売、一見関係のないように見えますが、思わぬシナジーがある場合もあります。多角化すればするほど、次に挑戦できる事業の範囲が広がります。社員が育ち、自ら新しい事業を創り出す。社員と一緒に妄想し、失敗を繰り返しながらも新しい挑戦に励む環境は楽しいものです。小さな会社ですが、こういう楽しさを感じられる中小企業が増えてもらいたいと思っています。

トランビをスタートした当時、誰にも認められない時代から、サービス立ち上げを支援してくれたアスク工業の仲間たち、そして多くの専門家をご紹介いただき専門家ネットワークの構築を支援してくれたアイ・シー・オーコンサルティングの井上和弘先生、古山喜章先生。小木曽公認会計士事務所の小木曽正人先生には心より感謝申し上げます。

いまでもM&Aに挑戦する経営者たちを支援する専門家ネットワークの構築が大きな課題です。そのネットワーク構築にご協力いただいている全国の金融機関のみなさま、公認会計士、税理士、弁護士、中小企業診断士のみなさまにもあらためて御礼を申し上げます。事例紹介でご協力いただいた経営者のみなさまにも、御礼申し上げます。

最後に、二代目として会社をさらに成長させる機会を与えてくれた父に感謝し、本書の締めとしたいと思います。会社を継いで新しい事業に挑戦する機会を与えてくれてありがとう。

中小企業の経営は自由で、楽しい作業です。特に先代の築いた土台の上に、自由な発想で新たな事業を築いていく、これがあとを継ぐ者の特権でもあります。

サラリーマンが会社を買う、中小企業が取引先を買う、上場企業がベンチャーを買う、子供が会社を親から承継する、手法は様々ですが、どれも先代の築いたものを次の世代が引き継いで大きく伸ばす機会に繋がるものです。

本書が、先代のあとを継ぐべきか悩んでいる若い後継者、中小企業の経営者、そしてサラリーマンの方々の挑戦を後押しする契機となれば幸いです。

高橋 聡

長野県長野市出身、長野高等学校卒業。デュポール大学(アメリカ・シカゴ)情報システム学科卒業、2001年アクセンチュア株式会社に入社。2005年アスク工業株式会社に入社。経営戦略室室長、取締役常務を経て、2010年代表取締役社長に就任。
日本初のユーザー投稿型M&Aマッチングサービス「TRANBI」を開発。2016年株式会社トランビを設立し、代表取締役に就任。同社のユーザー数は2019年に3万人を突破した。著書に『会社は、廃業せずに売りなさい』(実業之日本社)がある。

講談社+α《プラスアルファ》新書 816-1 C

起業《きぎょう》するより会社《かいしゃ》は買《か》いなさい

サラリーマン・中小企業のためのミニM&Aのススメ

高橋《たかはし》 聡《そう》

2019年8月20日第1刷発行

発行者——— 渡瀬昌彦

発行所——— 株式会社 講談社
東京都文京区音羽2-12-21 〒112-8001
電話 編集(03)5395-3522
販売(03)5395-4415
業務(03)5395-3615

デザイン——— 鈴木成一デザイン室

カバー印刷——— 共同印刷株式会社

印刷・本文データ制作— 豊国印刷株式会社

製本——— 株式会社国宝社

Printed in Japan
ISBN978-4-06-516856-1

講談社＋α新書

日本再興のカギを握る「ソニーのDNA」
佐高信　辻野晃一郎
挑戦しない、個性を尊重しない大企業病に蝕まれた日本を変えるのは、独創性のDNAだ！
840円 733-4 C

日本を売る本当に悪いやつら
佐高信　朝堂院大覚
「最後のフィクサー」しか知らない、この国の支配者たちの利己的で強欲な素顔と行状！
880円 733-5 C

一回3秒 これだけ体操 腰痛は「動かして」治しなさい
松平浩
『NHKスペシャル』で大反響！　介護職員をコルセットから解放した腰痛治療の新常識！
780円 734-1 B

遺品は語る 遺品整理業者が教える「独居老人600万人」「無縁死3万人」時代に必ずやっておくべきこと
赤澤健一
多死社会はここまで来ていた！　誰もが一人で死ぬ時代に、「いま為すべきこと」をプロが教示
800円 735-1 C

ドナルド・トランプ、大いに語る
セス・ミルスタイン 編　講談社 編訳
アメリカを再び偉大に！　怪物か、傑物か、全米が熱狂・失笑・激怒したトランプの〝迷〟言集
840円 736-1 C

ルポ ニッポン絶望工場
出井康博
外国人の奴隷労働が支える便利な生活。知られざる崩壊寸前の現場、犯罪集団化の実態に迫る
840円 737-1 C

18歳の君へ贈る言葉
柳沢幸雄
名門・開成学園の校長先生が生徒たちに話していること。才能を伸ばす36の知恵。親子で必読！
800円 738-1 C

本物のビジネス英語力
久保マサヒデ
ロンドンのビジネス最前線で成功した英語の秘訣を伝授！　この本でもう英語は怖くなくなる
780円 739-1 C

選ばれ続ける必然 誰でもできる「ブランディング」のはじめ方
佐藤圭一
商品に魅力があるだけではダメ。プロが教える選ばれ続け、ファンに愛される会社の作り方
840円 740-1 C

歯はみがいてはいけない
森昭
今すぐやめないと歯が抜け、口腔細菌で全身病になる。カネで歪んだ日本の歯科常識を告発!!
840円 741-1 B

やっぱり、歯はみがいてはいけない 実践編
森昭　森光恵
日本人の歯みがき常識を一変させたベストセラーの第2弾が登場！　「実践」に即して徹底教示
840円 741-2 B

表示価格はすべて本体価格（税別）です。本体価格は変更することがあります

講談社＋α新書

書名	著者	内容	価格・番号
一日一日、強くなる 伊調馨の「壁を乗り越える」言葉	伊調馨	オリンピック4連覇へ！ 常に進化し続ける伊調馨の孤高の言葉たち。志を抱くすべての人に	800円 742-1 C
50歳からの出直し大作戦	出口治明	会社の辞めどき、家族の説得、資金の手当て。著者が取材した50歳から花開いた人の成功理由	840円 743-1 C
財務省と大新聞が隠す本当は世界一の日本経済	上念司	財務省のHPに載る七〇〇兆円の政府資産は、誰の物なのか!? それを隠すセコ過ぎる理由は	880円 744-1 C
習近平が隠す本当は世界3位の中国経済	上念司	中国は経済統計を使って戦争を仕掛けている！ 中華思想で粉飾したGDPは実は四三七兆円!?	840円 744-2 C
経団連と増税政治家が壊す本当は世界一の日本経済	上念司	企業の抱え込む内部留保450兆円が動き出す。デフレ解消の今、もうすぐ給料は必ず上がる!!	860円 744-3 C
考える力をつける本	畑村洋太郎	企画にも問題解決にも。失敗学・創造学の第一人者が教える誰でも身につけられる知的生産術	840円 746-1 C
世界大変動と日本の復活 竹中教授の2020年・日本大転換プラン	竹中平蔵	アベノミクスの目標＝GDP600兆円はこうすれば達成できる。最強経済への4大成長戦略	840円 747-1 C
この制御不能な時代を生き抜く経済学	竹中平蔵	2021年、大きな試練が日本を襲う。私たちに備えはあるか？ 米国発金融異変など危機突破の6戦略	840円 747-2 C
ビジネスZEN入門	松山大耕	ジョブズを始めとした世界のビジネスリーダーがたしなむ「禅」が、あなたにも役立ちます！	840円 748-1 C
グーグルを驚愕させた日本人の知らないニッポン企業	山川博功	取引先は世界一二〇ヵ国以上、社員の三分の一は外国人。小さな超グローバル企業の快進撃！	840円 749-1 C
力を引き出す 「ゆとり世代」の伸ばし方	原晋 原田曜平	青学陸上部を強豪校に育てあげた名将と、若者研究の第一人者が語るゆとり世代を育てる技術	800円 750-1 C

表示価格はすべて本体価格（税別）です。本体価格は変更することがあります

講談社＋α新書

- **「よく見える目」をあきらめない** 遠視・近視・白内障の最新医療　荒井宏幸
  劇的に進化している老眼、白内障治療。50代、60代でも8割がメガネいらずに！　860円 783-1 B
- **野球エリート** 野球選手の人生は13歳で決まる　赤坂英一
  根尾昂、石川昂弥、高松屋翔音……次々登場する新怪物候補の秘密は中学時代の育成にあった　840円 784-1 D
- **NYとワシントンのアメリカ人がクスリと笑う日本人の洋服と仕草**　安積陽子
  マティス国防長官と会談した安倍総理のスーツの足元はローファー…日本人の変な洋装を正す　860円 785-1 D
- **医者には絶対書けない幸せな死に方**　たくきよしみつ
  「看取り医」の選び方、「死に場所」の見つけ方。お金の問題……。後悔しないためのヒント　840円 786-1 B
- **もう初対面でも会話に困らない！ 口ベタのための「話し方」「聞き方」**　佐野剛平
  『ラジオ深夜便』の名インタビュアーが教える、自分も相手も「心地よい」会話のヒント　800円 787-1 A
- **人は死ぬまで結婚できる** 晩婚時代の幸せのつかみ方　大宮冬洋
  80人以上の「晩婚さん」夫婦の取材から見えてきた、幸せ、課題、婚活ノウハウを伝える　840円 788-1 A
- **サラリーマンは300万円で小さな会社を買いなさい** 人生100年時代の個人M&A入門　三戸政和
  脱サラ・定年で飲食業や起業に手を出すと地獄が待っている。個人M&Aで資本家になろう！　840円 789-1 C
- **サラリーマンは300万円で小さな会社を買いなさい　会計編**　三戸政和
  サラリーマンは会社を買って「奴隷」から「資本家」へ。決定版バイブル第2弾、「会計」編！　860円 789-2 C
- **名古屋円頓寺《えんどうじ》商店街の奇跡**　山口あゆみ
  「野良猫さえ歩いていない」シャッター通りに人波が押し寄せた！　空き店舗再生の逆転劇！　800円 790-1 C
- **少子高齢化でも老後不安ゼロ　シンガポールで見た日本の未来理想図**　花輪陽子
  日本を救う小国の知恵。1億総活躍社会、経済成長率3・5%、賢い国家戦略から学ぶこと　860円 791-1 C
- **マツダがBMWを超える日** クールジャパンからプレミアムジャパン・ブランド戦略へ　山崎明
  日本企業は薄利多売の固定観念を捨てなさい。新プレミアム戦略で日本企業は必ず復活する！　880円 792-1 C

表示価格はすべて本体価格（税別）です。本体価格は変更することがあります

講談社＋α新書

知っている人だけが勝つ 仮想通貨の新ルール
小島寛明＋ビジネスインサイダージャパン取材班
仮想通貨は日本経済復活の最後のチャンスだ。この大きな波に乗り遅れてはいけない
840円 793-1 C

夫婦という他人
下重暁子
67万部突破『家族という病』、27万部突破『極上の孤独』に続く、人の世の根源を問う問題作
780円 794-1 A

歩く速さなのに健康効果は2倍！ らくらくスロージョギング運動
讃井里佳子
歩幅は小さく足踏みするテンポ。足の指の付け根で着地。科学的理論に基づいた運動法
880円 795-1 B

ＡＩで私の仕事はなくなりますか？
田原総一朗
グーグル、東大、トヨタ……「極端な文系人間」の著者が、最先端のＡＩ研究者を連続取材！
860円 796-1 C

本社は田舎に限る
吉田基晴
徳島県美波町に本社を移したＩＴベンチャー企業社長。全国注目の新しい仕事と生活スタイル
860円 797-1 C

50歳を超えても脳が若返る生き方
加藤俊徳
寿命１００年時代は50歳から全く別の人生を！今までダメだった人の脳は後半こそ最盛期に!!
880円 798-1 B

99％の人が気づいていないビジネス力アップの基本100
山口博
アイコンタクトからモチベーションの上げ方まで。「できる」と言われる人はやっている
860円 799-1 C

妻のトリセツ
黒川伊保子
いつも不機嫌、理由もなく怒り出す――理不尽極まりない妻との上手な付き合い方
800円 800-1 A

世界の常識は日本の非常識 自然エネは儲かる！
吉原毅
新産業が大成長を遂げている世界の最新事情を紹介し、日本に第四の産業革命を起こす1冊！
860円 801-1 C

人生後半こう生きなはれ
川村妙慶
人生相談のカリスマ僧侶が仏教の視点で伝える、定年後の人生が１００倍楽しくなる生き方
840円 802-1 A

明日の日本を予測する技術 「権力者の絶対法則」を知ると未来が見える！
長谷川幸洋
ビジネスに投資に就職に!! ６ヵ月先の日本が見えるようになる本！ 日本経済の実力も判明
880円 803-1 C

表示価格はすべて本体価格（税別）です。本体価格は変更することがあります